This Book Belongs to

S _ ndw _ ch	Fr _ dg _	W _ v _ n	Sp _ n _ sh
P _ p _ r	F _ _ tb _ ll	B _ _ r	Dr _ nk
R _ bb _ t	M _ lk	R _ gb _	Gl _ ss
Cr _ c _ d _ l _	M _ b _ l _	S _ ng	_ m _ r _ c _ n
_ t _ l _ _ n	S _ _ th	T _ l _ ph _ n _	S _ _ nd
G _ m _ r	Sn _ k _	D _ v _ c _	B _ _ k
T _ l _ v _ s _ _ n	J _ _ c _	J _ ck _ t	H _ ck _ _
St _ rm	_ _ r _ p _	Ch _ ps	_ c _
M _ s _ c	_ fr _ c _ n	D _ _	Cl _ _ d
P _ rr _ t	C _ t	R _ ck _ t	P _ st
Sl _ th	Sn _ w	B _ rthd _ _	M _ n _ t _ r
H _ mb _ rg _ r	D _ rk	D _ ff _ c _ lt	_ l _ _ n
H _ sp _ t _ l	B _ g	_ r _ b _ c	C _ ndl _
C _ mp _ t _ r	D _ _ r	C _ _ k _ ng	M _ rr _ _ g _
Sm _ k _	L _ pt _ p	_ g _ pt	B _ rg _
Pr _ s _ nt	P _ w _ r	W _ _ th _ r	_ _ rth
D _ g	T _ _	Cr _ ck _ t	Ch _ n _ ss
_ _ _ t _ b _	R _ _ n	M _ nk _ _	F _ t _ r _
B _ sk _ tb _ ll	_ d _ lt	P _ rt _ g _ s	Sk _ tt _ ng
T _ _ n	N _ rth	_ n _ c _ rn	W _ sh
M _ ddl _ _ _ st	_ nd _ _ n	H _ l _ c _ pt _ r	b _ s _ b _ ll
_ l _ ph _ nt	F _ x	L _ _ n	S _ n
W _ t _ r	B _ lt	Br _ c _ l _ t	T _ g _ r
W _ tch	_ s _ _ n	B _ rd	Pl _ n _
F _ stf _ _ d	_ ngl _ sh	P _ wd _ r	N _ ght
S _ cr _ t	Dr _ ll _ ng		

m _ t _ r _	kn _ tt _	br _ k _ n	n _ _ r
c _ mm _ n	_ nv _ nc _ bl _	br _ wn	_ ns _ d _ _ _ s
j _ v _ n _ l _	s _ t _ sf _ _ ng	_ gr _ _ _ bl _	h _ rsh
_ ll _ g _ d	m _ rk _	_ bh _ rr _ nt	h _ m _ l _
w _ _ k	w _ _ t _ ng	p _ l _	h _ l _ r _ _ _ s
b _ r _ d	_ m _ z _ ng	fl _ t	d _ sg _ st _ d
r _ _ nd	_ n _ nt _ r _ st _ d	r _ ght _ _ _ s	br _ _ n _
_ b _ rr _ nt	_ _ tr _ g _ _ _ s	p _ w _ rf _ l	h _ lt _ ng
cr _ _ l	_ nn _ c _ nt	n _ tt _	_ l _ st _ c
n _ rm _ l	gr _ t _ f _ l	_ nt _ rn _ l	d _ f _ _ nt
wh _ l _	s _ cr _ t _ v _	ch _ bb _	b _ ll _ g _ r _ nt
r _ b _ st	d _ r _ ng _ d	d _ l _ ghtf _ l	r _ fl _ ct _ v _
s _ mpl _	_ r _ m _ t _ c	b _ g	d _ s _ ll _ s _ _ n _ d
gr _ _ ch _	_ n _ m _ t _ d	th _ nkf _ l	_ bj _ ct
f _ sc _ n _ t _ d	pr _ _ d	pl _ _ n	_ nx _ _ _ s
c _ ll _ _ s	d _ ff _ r _ nt	f _ rg _ tf _ l	g _ ll _ bl _
wr _ ng	_ nc _ _ r _ g _ ng	c _ _ t _ _ _ s	_ xcl _ s _ v _
s _ l _ d	dr _ b	n _ b _ l _ _ s	_ l _ g _ nt
str _ ng _	s _ f _	_ sp _ r _ ng	_ n _ rm _ d
d _ ng _ r _ _ s	t _ _ ths _ m _	d _ m _ g _ d	_ mm _ ns _
h _ ll _ w _ d	b _ d	b _ st	cr _ wd _ d
m _ r _	b _ t _ -s _ z _ d	c _ mpl _ x	h _ m _ l _ ss
sk _ llf _ l	p _ rf _ ct	dr _	g _ rr _ l _ _ s
m _ l _	ch _ _ rf _ l	_ nq _ _ s _ t _ v _	g _ n _ r _ l
d _ scr _ _ t	s _ c _ nd	f _ rst	d _ _ r
_ d _ r _ bl _	cl _ _ r	_ b _ _ rd	cl _ _ n

d _ f _ ct _ v _	j _ _ _ _ s	d _ l _ ghtf _ l	c _ mpl _ x
b _ d	b _ mp _	m _ r _	p _ w _ rf _ l
d _ _ r	d _ ff _ r _ nt	_ nn _ c _ nt	_ m _ z _ ng
_ xcl _ s _ v _	l _ _ ng	_ bh _ rr _ nt	n _ tt _
_ r _ m _ t _ c	h _ d _ _ _ s	_ _ tr _ g _ _ _ s	g _ ll _ bl _
m _ t _ r _	b _ rl _	gr _ nd _ _ s _	c _ _ t _ _ _ s
th _ nkf _ l	ch _ _ rf _ l	f _ rst	c _ mb _ t _ v _
j _ v _ n _ l _	s _ mpl _	l _ v _ l	_ n _ rm _ d
h _ ghf _ l _ t _ n	f _ sc _ n _ t _ d	_ nth _ s _ _ st _ c	t _ ll _ ng
m _ rk _	m _ mm _ th	_ ff _ c _ c _ _ _ s	h _ m _ l _ ss
h _ lt _ ng	f _ rg _ tf _ l	s _ dd _ n	w _ _ t _ ng
_ l _ g _ nt	ch _ bb _	sw _ _ t	_ b _ _ rd
s _ d	d _ m _ g _ d	p _ l _	s _ l _ ct _ v _
h _ l _ r _ _ _ s	c _ lc _ l _ t _ ng	_ b _ rr _ nt	h _ m _ l _
br _ k _ n	h _ _ d _	g _ rr _ l _ _ s	_ r _ ct
_ dh _ s _ v _	r _ _ nd	c _ ll _ _ s	_ n _ m _ t _ d
cr _ _ l	_ n _ rg _ t _ c	gr _ t _ f _ l	b _ r _ d
dr _	cl _ _ n	d _ scr _ _ t	_ c _ d
_ nx _ _ _ s	l _ _ rn _ d	d _ f _ _ nt	r _ b _ st
_ ll _ g _ d	s _ c _ nd	_ nq _ _ s _ t _ v _	w _ _ k
_ l _ st _ c	d _ s _ ll _ s _ _ n _ d	g _ dl _	c _ g _ _
p _ rf _ ct	fl _ t	n _ rm _ l	_ d _ r _ bl _
_ sp _ r _ ng	_ nc _ _ r _ g _ ng	s _ cr _ t _ v _	d _ f _ _ t _ d
_ ns _ d _ _ _ s	gr _ _ v _	d _ ng _ r _ _ s	br _ wn
cl _ _ r	d _ r _ ng _ d	wh _ l _	n _ b _ l _ _ s
s _ f _	t _ _ ths _ m _	_ d _ _ t _ c	_ n _ nt _ r _ st _ d

l _ v _ l	_ v _ _ l _ bl _	cl _ _ r	n _ rm _ l
wr _ ng	n _ b _ l _ _ s	_ xcl _ s _ v _	ch _ v _ lr _ _ _ s
br _ _ n _	h _ nds _ m _	ch _ _ rf _ l	_ c _ d
g _ dl _	_ bh _ rr _ nt	_ bs _ rd	b _ t _ -s _ z _ d
kn _ tt _	q _ _ st _ _ n _ bl _	d _ l _ ghtf _ l	gr _ bb _
d _ f _ ct _ v _	h _ ll _ w _ d	d _ scr _ _ t	h _ rsh
_ l _ st _ c	l _ _ rn _ d	c _ g _ _	_ l _ g _ nt
h _ l _ r _ _ _ s	p _ l _	g _ n _ r _ l	c _ mpl _ x
pl _ _ n	_ ns _ d _ _ _ s	_ nt _ rn _ l	br _ k _ n
d _ f _ _ t _ d	_ gr _ _ _ bl _	br _ wn	d _ s _ ll _ s _ _ n _ d
cl _ _ n	f _ sc _ n _ t _ d	_ n _ rg _ t _ c	str _ ng _
cr _ wd _ d	_ nth _ s _ _ st _ c	dr _ b	d _ m _ g _ d
t _ ll _ ng	h _ ghf _ l _ t _ n	m _ r _	h _ nds _ m _ l _
_ mm _ ns _	f _ r _ g _ _ ng	_ r _ m _ t _ c	b _ ll _ g _ r _ nt
_ n _ rm _ d	gr _ _ ch _	ch _ bb _	_ m _ z _ ng
h _ lt _ ng	j _ _ _ _ s	s _ cr _ t _ v _	gr _ t _ f _ l
c _ mb _ t _ v _	m _ l _	_ b _ rr _ nt	m _ rk _
r _ ght _ _ _ s	_ sp _ r _ ng	t _ _ ths _ m _	b _ st
b _ r _ d	b _ z _ rr _	s _ dd _ n	m _ j _ st _ c
g _ ll _ bl _	d _ r _ ng _ d	c _ lc _ l _ t _ ng	d _ ng _ r _ _ s
r _ m _ nt _ c	m _ mm _ th	c _ ll _ _ s	th _ nkf _ l
b _ rl _	gr _ _ v _	s _ l _ d	d _ ff _ r _ nt
w _ _ k	r _ _ nd	fl _ t	_ nv _ nc _ bl _
b _ g	wh _ l _	h _ m _ l _ ss	w _ _ t _ ng
b _ mp _	c _ _ t _ _ _ s	h _ d _ _ _ s	_ d _ _ t _ c
f _ n _ t _ c _ l	d _ l _ c _ _ _ s	j _ v _ n _ l _	sc _ r _ d

h _ _ d _	n _ _ r	ch _ v _ lr _ _ s	cr _ _ l
w _ _ t _ ng	p _ l _	th _ nkf _ l	c _ lc _ l _ t _ ng
_ b _ rr _ nt	h _ nds _ m _ l _	s _ dd _ n	dr _ nk
_ bs _ rd	g _ dl _	_ v _ _ l _ bl _	f _ rst
c _ _ t _ _ _ s	sc _ r _ d	_ bh _ rr _ nt	d _ s _ ll _ s _ _ n _ d
_ mm _ ns _	f _ r _ g _ _ ng	gr _ t _ f _ l	str _ ng _
fl _ t	cl _ _ d _	j _ v _ n _ l _	_ l _ st _ c
d _ f _ _ t _ d	c _ mpl _ x	_ b _ _ rd	s _ l _ d
l _ v _ l	b _ st	_ n _ m _ t _ d	g _ ll _ bl _
sw _ _ t	s _ f _	n _ b _ l _ _ s	br _ wn
t _ ll _ ng	kn _ tt _	sk _ llf _ l	g _ rr _ l _ _ s
r _ m _ nt _ c	h _ rsh	l _ _ ng	_ r _ m _ t _ c
b _ ll _ g _ r _ nt	t _ _ ths _ m _	m _ t _ r _	h _ d _ _ _ s
b _ d	gr _ _ v _	dr _ b	cl _ _ r
d _ ff _ r _ nt	_ xcl _ s _ v _	m _ rk _	s _ c _ nd
c _ mb _ t _ v _	d _ ng _ r _ _ s	_ ff _ c _ c _ _ _ s	bl _ sh _ ng
gr _ nd _ _ s _	h _ l _ r _ _ _ s	r _ _ nd	f _ rg _ tf _ l
h _ m _ l _	_ c _ d	d _ scr _ _ t	d _ sg _ st _ d
_ dh _ s _ v _	d _ f _ ct _ v _	m _ j _ st _ c	p _ w _ rf _ l
ch _ bb _	m _ l _	h _ lt _ ng	m _ mm _ th
br _ _ n _	dr _	n _ rm _ l	f _ sc _ n _ t _ d
s _ d	h _ m _ l _ ss	gr _ _ ch _	_ nt _ rn _ l
l _ _ rn _ d	_ _ tr _ g _ _ _ s	b _ mp _	d _ _ r
d _ l _ ghtf _ l	b _ t _ -s _ z _ d	s _ l _ ct _ v _	_ ns _ d _ _ _ s
g _ n _ r _ l	_ n _ rm _ d	_ nc _ _ r _ g _ ng	c _ g _ _
wh _ l _	_ m _ z _ ng	br _ k _ n	s _ t _ sf _ _ ng

s _ mpl _	r _ m _ nt _ c	br _ k _ n	pl _ _ n
dr _ nk	_ n _ m _ t _ d	gr _ _ ch _	_ c _ d
d _ ng _ r _ _ s	b _ d	h _ m _ l _ ss	d _ f _ _ nt
m _ mm _ th	s _ c _ nd	f _ sc _ n _ t _ d	g _ ll _ bl _
s _ cr _ t _ v _	dr _	_ b _ rr _ nt	r _ b _ st
_ m _ z _ ng	h _ nds _ m _	l _ v _ l	d _ s _ ll _ s _ _ n _ d
sk _ llf _ l	d _ r _ ng _ d	r _ _ nd	r _ ght _ _ _ s
gr _ nd _ _ s _	str _ ng _	kn _ tt _	b _ ll _ g _ r _ nt
d _ scr _ _ t	_ n _ rm _ d	j _ v _ n _ l _	_ n _ nt _ r _ st _ d
d _ f _ _ t _ d	_ mm _ ns _	p _ l _	h _ lt _ ng
c _ ll _ _ s	_ bh _ rr _ nt	_ nc _ _ r _ g _ ng	g _ rr _ l _ _ s
m _ t _ r _	d _ ff _ r _ nt	d _ f _ ct _ v _	q _ _ st _ _ n _ bl _
n _ b _ l _ _ s	n _ tt _	b _ rl _	cr _ wd _ d
m _ r _	h _ d _ _ _ s	s _ d	th _ nkf _ l
h _ l _ r _ _ _ s	_ gr _ _ _ bl _	cl _ _ d _	gr _ _ v _
_ nx _ _ _ s	fl _ t	ch _ _ rf _ l	_ ll _ g _ d
d _ _ r	ch _ bb _	wh _ l _	l _ _ ng
_ nv _ nc _ bl _	g _ dl _	b _ t _ -s _ z _ d	s _ l _ ct _ v _
ch _ v _ lr _ _ s	h _ rsh	g _ n _ r _ l	sw _ _ t
br _ wn	s _ dd _ n	h _ ll _ w _ d	s _ f _
_ nn _ c _ nt	_ bj _ ct	m _ j _ st _ c	c _ lc _ l _ t _ ng
n _ rm _ l	d _ sg _ st _ d	h _ ghf _ l _ t _ n	b _ st
_ r _ m _ t _ c	dr _ b	d _ m _ g _ d	c _ _ t _ _ _ s
pr _ _ d	h _ nds _ m _ l _	d _ l _ ghtf _ l	m _ rk _
_ ff _ c _ c _ _ _ s	_ d _ r _ bl _	m _ l _	_ d _ _ t _ c
f _ rst	h _ _ d _	c _ mm _ n	b _ r _ d

_ n _ m _ t _ d	_ _ tr _ g _ _ _ s	d _ ff _ r _ nt	g _ ll _ bl _
_ bj _ ct	b _ rl _	d _ l _ c _ _ _ s	s _ c _ nd
d _ ng _ r _ _ s	m _ mm _ th	_ m _ z _ ng	b _ t _ -s _ z _ d
sc _ r _ d	_ d _ _ t _ c	c _ g _ _	cl _ _ r
_ mm _ ns _	pr _ _ d	n _ b _ l _ _ s	b _ g
c _ mb _ t _ v _	d _ f _ _ t _ d	wr _ ng	dr _
d _ f _ ct _ v _	d _ m _ g _ d	d _ sg _ st _ d	n _ tt _
_ r _ m _ t _ c	t _ _ ths _ m _	_ l _ st _ c	h _ lt _ ng
n _ _ r	cr _ wd _ d	_ nth _ s _ _ st _ c	h _ ll _ w _ d
h _ l _ r _ _ _ s	d _ s _ ll _ s _ _ n _ d	dr _ b	dr _ nk
_ gr _ _ _ bl _	m _ j _ st _ c	m _ l _	h _ d _ _ _ s
s _ cr _ t _ v _	h _ m _ l _	r _ fl _ ct _ v _	s _ t _ sf _ _ ng
m _ t _ r _	r _ _ nd	s _ dd _ n	b _ st
g _ rr _ l _ _ s	j _ _ _ _ s	c _ ll _ _ s	_ n _ nt _ r _ st _ d
s _ mpl _	c _ _ t _ _ _ s	c _ mm _ n	cl _ _ n
_ bs _ rd	w _ _ t _ ng	h _ nds _ m _ l _	f _ rg _ tf _ l
b _ r _ d	wh _ l _	g _ dl _	b _ ll _ g _ r _ nt
s _ f _	sw _ _ t	br _ _ n _	_ b _ rr _ nt
d _ scr _ _ t	p _ l _	_ bh _ rr _ nt	br _ wn
_ ns _ d _ _ _ s	s _ l _ d	j _ v _ n _ l _	f _ sc _ n _ t _ d
s _ l _ ct _ v _	d _ f _ _ nt	t _ ll _ ng	l _ _ rn _ d
ch _ bb _	p _ w _ rf _ l	r _ m _ nt _ c	h _ nds _ m _
fl _ t	h _ _ d _	b _ mp _	_ d _ r _ bl _
c _ lc _ l _ t _ ng	_ nc _ _ r _ g _ ng	l _ v _ l	th _ nkf _ l
_ v _ _ l _ bl _	_ nn _ c _ nt	br _ k _ n	pl _ _ n
g _ n _ r _ l	q _ _ st _ _ n _ bl _	f _ rst	_ dh _ s _ v _

cr _ _ l	_ nq _ _ s _ t _ v _	c _ mm _ n	gr _ t _ f _ l
_ n _ rm _ d	j _ _ _ _ s	s _ f _	_ nx _ _ _ s
d _ f _ _ t _ d	cl _ _ n	h _ rsh	th _ nkf _ l
s _ l _ ct _ v _	h _ nds _ m _ l _	dr _	_ nv _ nc _ bl _
_ ns _ d _ _ _ s	_ nth _ s _ _ st _ c	n _ tt _	h _ _ d _
_ r _ ct	h _ m _ l _ ss	h _ l _ r _ _ _ s	wh _ l _
d _ l _ c _ _ _ s	s _ t _ sf _ _ ng	t _ ll _ ng	b _ st
g _ rr _ l _ _ s	h _ lt _ ng	br _ k _ n	h _ m _ l _
s _ l _ d	_ r _ m _ t _ c	b _ ll _ g _ r _ nt	_ bs _ rd
gr _ nd _ _ s _	c _ lc _ l _ t _ ng	c _ g _ _	p _ l _
s _ c _ nd	bl _ sh _ ng	_ d _ r _ bl _	h _ ll _ w _ d
_ nt _ rn _ l	m _ t _ r _	_ m _ z _ ng	b _ rl _
s _ dd _ n	d _ r _ ng _ d	c _ mpl _ x	_ bj _ ct
n _ rm _ l	d _ ff _ r _ nt	r _ _ nd	ch _ v _ lr _ _ s
q _ _ st _ _ n _ bl _	_ l _ g _ nt	f _ r _ g _ _ ng	b _ t _ -s _ z _ d
j _ v _ n _ l _	cr _ wd _ d	dr _ b	m _ j _ st _ c
_ nc _ _ r _ g _ ng	l _ v _ l	d _ l _ ghtf _ l	str _ ng _
sk _ llf _ l	g _ n _ r _ l	_ gr _ _ _ bl _	h _ d _ _ _ s
d _ sg _ st _ d	d _ f _ ct _ v _	p _ w _ rf _ l	cl _ _ r
r _ ght _ _ _ s	sw _ _ t	l _ _ rn _ d	ch _ _ rf _ l
m _ r _	d _ scr _ _ t	_ d _ _ t _ c	_ b _ _ rd
r _ m _ nt _ c	_ mm _ ns _	w _ _ k	_ b _ rr _ nt
m _ rk _	fl _ t	_ nn _ c _ nt	_ n _ m _ t _ d
ch _ bb _	dr _ nk	_ _ tr _ g _ _ _ s	br _ wn
g _ ll _ bl _	m _ l _	g _ dl _	b _ r _ d
_ bh _ rr _ nt	c _ mb _ t _ v _	n _ b _ l _ _ s	f _ sc _ n _ t _ d

t _ _ ths _ m _	p _ l _	_ n _ rg _ t _ c	ch _ bb _
d _ f _ _ nt	_ bh _ rr _ nt	l _ _ ng	g _ rr _ l _ _ s
_ l _ st _ c	w _ _ t _ ng	c _ mb _ t _ v _	b _ t _ -s _ z _ d
wr _ ng	m _ j _ st _ c	cl _ _ n	l _ v _ l
d _ l _ ghtf _ l	_ n _ m _ t _ d	dr _ nk	c _ lc _ l _ t _ ng
d _ _ r	b _ mp _	s _ l _ ct _ v _	d _ f _ _ t _ d
gr _ _ v _	h _ _ d _	sc _ r _ d	m _ l _
c _ mm _ n	s _ c _ nd	_ m _ z _ ng	c _ g _ _
s _ t _ sf _ _ ng	_ d _ r _ bl _	t _ ll _ ng	h _ lt _ ng
_ ll _ g _ d	cl _ _ r	h _ nds _ m _	s _ dd _ n
_ ns _ d _ _ _ s	_ d _ _ t _ c	pl _ _ n	p _ rf _ ct
_ nx _ _ _ s	_ nc _ _ r _ g _ ng	b _ r _ d	r _ b _ st
s _ l _ d	b _ g	r _ fl _ ct _ v _	_ gr _ _ _ bl _
g _ dl _	d _ ff _ r _ nt	j _ v _ n _ l _	_ n _ nt _ r _ st _ d
br _ k _ n	_ mm _ ns _	d _ f _ ct _ v _	d _ sg _ st _ d
dr _	g _ n _ r _ l	_ nq _ _ s _ t _ v _	bl _ sh _ ng
gr _ _ ch _	_ sp _ r _ ng	d _ r _ ng _ d	f _ sc _ n _ t _ d
gr _ nd _ _ s _	_ nt _ rn _ l	n _ _ r	wh _ l _
h _ d _ _ _ s	d _ scr _ _ t	cl _ _ d _	_ r _ m _ t _ c
_ dh _ s _ v _	j _ _ _ _ s	str _ ng _	c _ ll _ _ s
r _ _ nd	br _ _ n _	kn _ tt _	cr _ wd _ d
d _ m _ g _ d	b _ st	p _ w _ rf _ l	f _ rst
f _ r _ g _ _ ng	_ _ tr _ g _ _ _ s	h _ ll _ w _ d	g _ ll _ bl _
h _ rsh	m _ r _	c _ _ t _ _ _ s	f _ rg _ tf _ l
d _ s _ ll _ s _ _ n _ d	_ r _ ct	sw _ _ t	pr _ _ d
h _ m _ l _	r _ ght _ _ _ s	cr _ _ l	br _ wn

_ d _ _ t _ c   _ l _ st _ c   s _ f _   h _ nds _ m _ l _

h _ nds _ m _   c _ g _ _   b _ g   _ d _ r _ bl _

gr _ t _ f _ l   cr _ _ l   m _ t _ r _   n _ tt _

pl _ _ n   gr _ nd _ _ s _   r _ fl _ ct _ v _   b _ r _ d

cl _ _ n   h _ rsh   _ nc _ _ r _ g _ ng   j _ v _ n _ l _

kn _ tt _   s _ t _ sf _ _ ng   t _ ll _ ng   ch _ _ rf _ l

_ nt _ rn _ l   dr _   d _ ng _ r _ _ s   m _ mm _ th

s _ l _ d   b _ st   c _ _ t _ _ _ s   fl _ t

_ v _ _ l _ bl _   p _ l _   b _ ll _ g _ r _ nt   f _ rg _ tf _ l

_ nx _ _ _ s   _ nn _ c _ nt   w _ _ t _ ng   s _ dd _ n

_ xcl _ s _ v _   d _ r _ ng _ d   ch _ bb _   _ n _ rg _ t _ c

h _ m _ l _   h _ ghf _ l _ t _ n   sw _ _ t   d _ f _ _ t _ d

b _ t _ -s _ z _ d   r _ ght _ _ _ s   _ c _ d   _ r _ ct

j _ _ _ _ s   s _ cr _ t _ v _   _ sp _ r _ ng   d _ f _ ct _ v _

h _ m _ l _ ss   _ n _ rm _ d   th _ nkf _ l   f _ sc _ n _ t _ d

s _ mpl _   d _ m _ g _ d   w _ _ k   n _ b _ l _ _ s

_ bh _ rr _ nt   _ nv _ nc _ bl _   cr _ wd _ d   s _ d

d _ l _ ghtf _ l   dr _ b   _ l _ g _ nt   m _ r _

l _ _ rn _ d   b _ mp _   g _ n _ r _ l   _ nq _ _ s _ t _ v _

r _ _ nd   c _ mb _ t _ v _   f _ rst   h _ l _ r _ _ _ s

r _ m _ nt _ c   _ nth _ s _ _ st _ c   b _ rl _   _ r _ m _ t _ c

p _ w _ rf _ l   _ ff _ c _ c _ _ _ s   _ _ tr _ g _ _ _ s   h _ ll _ w _ d

_ dh _ s _ v _   c _ lc _ l _ t _ ng   s _ c _ nd   wh _ l _

_ b _ rr _ nt   dr _ nk   cl _ _ r   _ gr _ _ _ bl _

c _ ll _ _ s   cl _ _ d _   c _ mpl _ x   _ m _ z _ ng

l _ _ ng   q _ _ st _ _ n _ bl _   sk _ llf _ l   br _ wn

h _ l _ r _ _ _ s	ch _ bb _	t _ ll _ ng	p _ rf _ ct
h _ nds _ m _ l _	s _ l _ ct _ v _	d _ _ r	h _ d _ _ _ s
f _ sc _ n _ t _ d	d _ f _ _ t _ d	p _ l _	_ bj _ ct
d _ s _ ll _ s _ _ n _ d	h _ rsh	w _ _ t _ ng	_ nt _ rn _ l
th _ nkf _ l	wr _ ng	t _ _ ths _ m _	j _ v _ n _ l _
l _ _ rn _ d	m _ l _	_ n _ rm _ d	str _ ng _
_ sp _ r _ ng	f _ rg _ tf _ l	gr _ nd _ _ s _	g _ dl _
r _ fl _ ct _ v _	b _ r _ d	n _ _ r	m _ t _ r _
sk _ llf _ l	_ n _ m _ t _ d	gr _ t _ f _ l	dr _
d _ scr _ _ t	h _ m _ l _	s _ mpl _	q _ _ st _ _ n _ bl _
m _ mm _ th	g _ n _ r _ l	j _ _ _ _ s	ch _ v _ lr _ _ s
d _ f _ _ nt	g _ ll _ bl _	sw _ _ t	r _ b _ st
bl _ sh _ ng	pr _ _ d	_ n _ nt _ r _ st _ d	_ ns _ d _ _ _ s
s _ d	n _ rm _ l	g _ rr _ l _ _ s	_ ll _ g _ d
b _ d	s _ dd _ n	_ r _ m _ t _ c	_ bh _ rr _ nt
c _ _ t _ _ _ s	b _ g	_ c _ d	_ nn _ c _ nt
_ nth _ s _ _ st _ c	m _ r _	wh _ l _	sc _ r _ d
_ dh _ s _ v _	_ b _ rr _ nt	c _ mm _ n	_ nx _ _ _ s
dr _ b	b _ t _ -s _ z _ d	d _ ff _ r _ nt	_ xcl _ s _ v _
l _ v _ l	b _ rl _	f _ rst	h _ nds _ m _
l _ _ ng	_ d _ _ t _ c	s _ cr _ t _ v _	_ m _ z _ ng
d _ l _ ghtf _ l	br _ k _ n	h _ ll _ w _ d	cr _ _ l
_ n _ rg _ t _ c	_ nc _ _ r _ g _ ng	c _ mpl _ x	_ b _ _ rd
br _ wn	s _ f _	r _ m _ nt _ c	_ v _ _ l _ bl _
fl _ t	c _ mb _ t _ v _	d _ r _ ng _ d	r _ ght _ _ _ s
b _ mp _	h _ ghf _ l _ t _ n	_ mm _ ns _	_ _ tr _ g _ _ _ s

_ nn _ c _ nt	h _ ll _ w _ d	d _ sg _ st _ d	_ xcl _ s _ v _
s _ l _ ct _ v _	g _ n _ r _ l	_ b _ rr _ nt	f _ rst
_ mm _ ns _	cl _ _ r	b _ g	r _ ght _ _ _ s
_ c _ d	bl _ sh _ ng	kn _ tt _	_ n _ rg _ t _ c
_ b _ _ rd	h _ m _ l _	_ bh _ rr _ nt	h _ l _ r _ _ _ s
r _ b _ st	d _ r _ ng _ d	_ l _ g _ nt	t _ ll _ ng
_ n _ rm _ d	sw _ _ t	f _ sc _ n _ t _ d	c _ mb _ t _ v _
s _ dd _ n	s _ c _ nd	br _ k _ n	c _ mpl _ x
g _ dl _	j _ v _ n _ l _	pl _ _ n	h _ d _ _ _ s
c _ g _ _	g _ ll _ bl _	_ bj _ ct	_ n _ m _ t _ d
gr _ t _ f _ l	d _ f _ ct _ v _	wh _ l _	b _ t _ -s _ z _ d
dr _ b	cr _ _ l	b _ mp _	cl _ _ n
_ ff _ c _ c _ _ _ s	_ l _ st _ c	l _ _ ng	br _ wn
n _ tt _	_ nth _ s _ _ st _ c	cr _ wd _ d	n _ rm _ l
_ m _ z _ ng	_ sp _ r _ ng	s _ mpl _	r _ fl _ ct _ v _
r _ _ nd	_ d _ r _ bl _	_ ll _ g _ d	m _ l _
j _ _ _ _ s	m _ r _	l _ _ rn _ d	h _ nds _ m _
c _ lc _ l _ t _ ng	_ nv _ nc _ bl _	m _ rk _	br _ _ n _
_ n _ nt _ r _ st _ d	_ dh _ s _ v _	c _ ll _ _ s	sc _ r _ d
d _ scr _ _ t	_ ns _ d _ _ _ s	_ _ tr _ g _ _ _ s	ch _ v _ lr _ _ s
g _ rr _ l _ _ s	h _ m _ l _ ss	_ nq _ _ s _ t _ v _	th _ nkf _ l
b _ rl _	b _ r _ d	h _ nds _ m _ l _	s _ f _
b _ st	d _ ff _ r _ nt	_ d _ _ t _ c	sk _ llf _ l
s _ l _ d	b _ d	d _ f _ _ nt	_ nx _ _ _ s
l _ v _ l	w _ _ k	fl _ t	p _ l _
h _ _ d _	ch _ bb _	d _ ng _ r _ _ s	_ nc _ _ r _ g _ ng

ch _ _ rf _ l	t _ _ ths _ m _	d _ s _ ll _ s _ _ n _ d	w _ _ t _ ng
f _ n _ t _ c _ l	wh _ l _	_ ff _ c _ c _ _ _ s	b _ ll _ g _ r _ nt
_ b _ _ rd	_ v _ _ l _ bl _	kn _ tt _	_ dh _ s _ v _
_ bs _ rd	_ bj _ ct	s _ dd _ n	m _ rk _
ch _ v _ lr _ _ s	j _ _ _ _ s	d _ sg _ st _ d	br _ k _ n
cr _ _ l	_ ns _ d _ _ _ s	s _ c _ nd	_ m _ z _ ng
dr _ b	d _ scr _ _ t	d _ _ r	s _ f _
_ r _ ct	s _ l _ d	d _ ff _ r _ nt	_ l _ g _ nt
h _ lt _ ng	ch _ bb _	s _ d	cr _ wd _ d
_ b _ rr _ nt	br _ _ n _	pr _ _ d	sw _ _ t
q _ _ st _ _ n _ bl _	b _ st	fl _ t	l _ _ ng
_ l _ st _ c	sk _ llf _ l	_ nc _ _ r _ g _ ng	h _ ghf _ l _ t _ n
p _ w _ rf _ l	h _ d _ _ _ s	s _ cr _ t _ v _	dr _
_ ll _ g _ d	th _ nkf _ l	_ n _ m _ t _ d	h _ l _ r _ _ _ s
_ mm _ ns _	r _ fl _ ct _ v _	h _ m _ l _ ss	f _ sc _ n _ t _ d
gr _ t _ f _ l	l _ _ rn _ d	m _ j _ st _ c	gr _ _ v _
d _ f _ ct _ v _	bl _ sh _ ng	p _ rf _ ct	b _ rl _
c _ mm _ n	m _ t _ r _	cl _ _ n	s _ l _ ct _ v _
c _ mb _ t _ v _	c _ lc _ l _ t _ ng	str _ ng _	_ d _ _ t _ c
c _ mpl _ x	h _ m _ l _	br _ wn	g _ ll _ bl _
h _ nds _ m _ l _	_ nth _ s _ _ st _ c	d _ l _ ghtf _ l	d _ r _ ng _ d
f _ r _ g _ _ ng	_ nn _ c _ nt	cl _ _ d _	n _ _ r
g _ n _ r _ l	sc _ r _ d	d _ m _ g _ d	g _ dl _
h _ rsh	h _ nds _ m _	r _ b _ st	f _ rg _ tf _ l
m _ l _	_ bh _ rr _ nt	_ d _ r _ bl _	h _ ll _ w _ d
d _ f _ _ nt	_ nv _ nc _ bl _	_ nq _ _ s _ t _ v _	n _ tt _

_ l _ g _ nt	m _ t _ r _	cl _ _ d _	b _ rl _
g _ n _ r _ l	_ ns _ d _ _ _ s	r _ ght _ _ _ s	_ n _ nt _ r _ st _ d
b _ st	_ b _ _ rd	cl _ _ n	br _ _ n _
c _ _ t _ _ _ s	_ l _ st _ c	bl _ sh _ ng	r _ fl _ ct _ v _
s _ dd _ n	pr _ _ d	m _ l _	ch _ bb _
dr _	b _ t _ -s _ z _ d	p _ l _	_ n _ m _ t _ d
l _ _ rn _ d	wr _ ng	b _ ll _ g _ r _ nt	r _ b _ st
_ nx _ _ _ s	_ r _ ct	n _ b _ l _ _ s	q _ _ st _ _ n _ bl _
cr _ _ l	ch _ v _ lr _ _ s	sk _ llf _ l	m _ rk _
l _ _ ng	f _ rg _ tf _ l	c _ mpl _ x	m _ j _ st _ c
h _ _ d _	pl _ _ n	j _ _ _ _ s	_ n _ rg _ t _ c
gr _ nd _ _ s _	_ nc _ _ r _ g _ ng	f _ sc _ n _ t _ d	d _ m _ g _ d
dr _ nk	r _ m _ nt _ c	d _ ff _ r _ nt	br _ wn
h _ ghf _ l _ t _ n	g _ rr _ l _ _ s	n _ rm _ l	gr _ _ v _
ch _ _ rf _ l	_ v _ _ l _ bl _	str _ ng _	sc _ r _ d
_ ll _ g _ d	_ dh _ s _ v _	h _ d _ _ _ s	r _ _ nd
b _ r _ d	s _ t _ sf _ _ ng	_ d _ _ t _ c	s _ mpl _
_ nn _ c _ nt	h _ ll _ w _ d	_ m _ z _ ng	s _ cr _ t _ v _
g _ ll _ bl _	s _ f _	_ bj _ ct	_ bh _ rr _ nt
fl _ t	gr _ _ ch _	h _ nds _ m _ l _	w _ _ k
p _ w _ rf _ l	m _ mm _ th	d _ f _ _ nt	d _ ng _ r _ _ s
h _ rsh	_ nt _ rn _ l	n _ _ r	_ b _ rr _ nt
h _ l _ r _ _ _ s	s _ l _ ct _ v _	c _ lc _ l _ t _ ng	s _ c _ nd
_ bs _ rd	t _ ll _ ng	d _ sg _ st _ d	_ n _ rm _ d
sw _ _ t	_ nq _ _ s _ t _ v _	c _ ll _ _ s	_ _ tr _ g _ _ _ s
j _ v _ n _ l _	_ ff _ c _ c _ _ _ s	_ sp _ r _ ng	d _ f _ ct _ v _

c _ ll _ _ s	s _ cr _ t _ v _	q _ _ st _ _ n _ bl _	fl _ t
b _ ll _ g _ r _ nt	h _ nds _ m _	s _ d	g _ rr _ l _ _ s
d _ l _ ghtf _ l	b _ g	c _ g _ _	sw _ _ t
_ bh _ rr _ nt	b _ r _ d	h _ ghf _ l _ t _ n	bl _ sh _ ng
_ bj _ ct	th _ nkf _ l	c _ mm _ n	br _ _ n _
_ d _ _ t _ c	wr _ ng	_ nv _ nc _ bl _	h _ d _ _ _ s
g _ n _ r _ l	h _ _ d _	s _ t _ sf _ _ ng	_ r _ m _ t _ c
br _ wn	_ gr _ _ _ bl _	_ nx _ _ _ s	d _ f _ _ t _ d
m _ r _	s _ mpl _	cr _ _ l	d _ ff _ r _ nt
h _ m _ l _ ss	_ n _ nt _ r _ st _ d	r _ m _ nt _ c	kn _ tt _
dr _ b	m _ rk _	b _ st	s _ l _ d
_ m _ z _ ng	w _ _ k	_ l _ g _ nt	wh _ l _
c _ mpl _ x	n _ b _ l _ _ s	_ n _ m _ t _ d	n _ _ r
_ ff _ c _ c _ _ _ s	gr _ _ ch _	g _ dl _	s _ l _ ct _ v _
d _ r _ ng _ d	d _ ng _ r _ _ s	_ mm _ ns _	r _ _ nd
d _ m _ g _ d	h _ nds _ m _ l _	h _ ll _ w _ d	_ n _ rg _ t _ c
d _ f _ _ nt	h _ l _ r _ _ _ s	h _ m _ l _	h _ lt _ ng
_ sp _ r _ ng	_ nth _ s _ _ st _ c	ch _ bb _	m _ t _ r _
pr _ _ d	_ b _ rr _ nt	p _ l _	ch _ _ rf _ l
gr _ t _ f _ l	l _ _ rn _ d	f _ sc _ n _ t _ d	d _ s _ ll _ s _ _ n _ d
c _ _ t _ _ _ s	_ xcl _ s _ v _	dr _	p _ w _ rf _ l
d _ scr _ _ t	cl _ _ n	b _ mp _	c _ mb _ t _ v _
_ nt _ rn _ l	m _ j _ st _ c	s _ dd _ n	_ nn _ c _ nt
f _ rst	cl _ _ r	s _ f _	l _ v _ l
_ r _ ct	r _ b _ st	g _ ll _ bl _	m _ l _
br _ k _ n	_ v _ _ l _ bl _	f _ rg _ tf _ l	r _ ght _ _ _ s

_ l _ st _ c	_ mm _ ns _	p _ l _	g _ rr _ l _ _ s
d _ f _ ct _ v _	r _ _ nd	_ nq _ _ s _ t _ v _	m _ l _
sw _ _ t	_ nx _ _ _ s	w _ _ t _ ng	th _ nkf _ l
_ nth _ s _ _ st _ c	_ l _ g _ nt	_ d _ _ t _ c	b _ ll _ g _ r _ nt
_ n _ nt _ r _ st _ d	s _ d	h _ lt _ ng	s _ c _ nd
_ ll _ g _ d	b _ r _ d	gr _ nd _ _ s _	wr _ ng
m _ t _ r _	h _ nds _ m _ l _	_ r _ ct	n _ tt _
d _ sg _ st _ d	gr _ _ v _	b _ d	b _ g
gr _ t _ f _ l	_ _ tr _ g _ _ _ s	gr _ _ ch _	f _ rst
m _ j _ st _ c	_ ff _ c _ c _ _ _ s	n _ rm _ l	r _ m _ nt _ c
d _ f _ _ nt	_ bh _ rr _ nt	h _ m _ l _	q _ _ st _ _ n _ bl _
s _ l _ ct _ v _	ch _ bb _	t _ ll _ ng	j _ _ _ _ s
b _ st	br _ _ n _	n _ b _ l _ _ s	_ sp _ r _ ng
w _ _ k	d _ r _ ng _ d	str _ ng _	t _ _ ths _ m _
d _ f _ _ t _ d	d _ s _ ll _ s _ _ n _ d	br _ k _ n	c _ lc _ l _ t _ ng
d _ ff _ r _ nt	_ n _ m _ t _ d	_ m _ z _ ng	d _ l _ ghtf _ l
sc _ r _ d	s _ l _ d	_ bj _ ct	d _ ng _ r _ _ s
c _ mb _ t _ v _	_ ns _ d _ _ _ s	f _ sc _ n _ t _ d	c _ mm _ n
sk _ llf _ l	h _ ll _ w _ d	c _ mpl _ x	l _ _ ng
kn _ tt _	h _ nds _ m _	d _ _ r	ch _ v _ lr _ _ s
n _ _ r	_ c _ d	g _ ll _ bl _	l _ _ rn _ d
h _ rsh	_ r _ m _ t _ c	r _ b _ st	f _ rg _ tf _ l
cl _ _ d _	fl _ t	_ xcl _ s _ v _	r _ fl _ ct _ v _
cl _ _ n	s _ f _	b _ mp _	g _ dl _
cr _ wd _ d	pr _ _ d	cl _ _ r	c _ _ t _ _ _ s
_ b _ rr _ nt	m _ r _	_ nt _ rn _ l	b _ rl _

sw _ _ t	c _ mm _ n	b _ st	_ nq _ _ s _ t _ v _
r _ ght _ _ _ s	_ ll _ g _ d	l _ v _ l	p _ rf _ ct
_ r _ ct	_ nth _ s _ _ st _ c	_ bj _ ct	n _ b _ l _ _ s
d _ l _ ghtf _ l	fl _ t	_ mm _ ns _	g _ n _ r _ l
h _ d _ _ _ s	b _ rl _	_ ff _ c _ c _ _ _ s	d _ f _ _ t _ d
m _ j _ st _ c	cl _ _ r	dr _ b	_ m _ z _ ng
s _ d	_ nn _ c _ nt	dr _	ch _ bb _
p _ l _	d _ sg _ st _ d	m _ r _	c _ mb _ t _ v _
_ r _ m _ t _ c	cr _ wd _ d	g _ rr _ l _ _ s	gr _ nd _ _ s _
b _ d	_ c _ d	s _ mpl _	pr _ _ d
_ dh _ s _ v _	n _ tt _	n _ rm _ l	cl _ _ n
d _ m _ g _ d	b _ r _ d	_ xcl _ s _ v _	h _ ghf _ l _ t _ n
_ n _ rg _ t _ c	l _ _ ng	r _ m _ nt _ c	pl _ _ n
m _ mm _ th	s _ l _ d	d _ ng _ r _ _ s	gr _ _ v _
br _ wn	_ nt _ rn _ l	q _ _ st _ _ n _ bl _	_ nc _ _ r _ g _ ng
s _ l _ ct _ v _	t _ _ ths _ m _	h _ lt _ ng	c _ lc _ l _ t _ ng
d _ scr _ _ t	n _ _ r	m _ rk _	_ l _ st _ c
h _ m _ l _ ss	m _ t _ r _	t _ ll _ ng	_ d _ _ t _ c
g _ ll _ bl _	_ b _ rr _ nt	d _ _ r	cr _ _ l
br _ _ n _	r _ _ nd	w _ _ t _ ng	b _ g
j _ _ _ _ s	c _ mpl _ x	_ nx _ _ _ s	h _ l _ r _ _ _ s
r _ b _ st	j _ v _ n _ l _	sk _ llf _ l	_ n _ m _ t _ d
ch _ v _ lr _ _ s	f _ rst	c _ ll _ _ s	d _ ff _ r _ nt
d _ f _ ct _ v _	f _ sc _ n _ t _ d	d _ s _ ll _ s _ _ n _ d	b _ mp _
wr _ ng	cl _ _ d _	l _ _ rn _ d	_ v _ _ l _ bl _
_ _ tr _ g _ _ _ s	c _ _ t _ _ _ s	b _ ll _ g _ r _ nt	br _ k _ n

l _ _ ng	b _ mp _	d _ r _ ng _ d	ch _ v _ lr _ _ s
d _ s _ ll _ s _ _ n _ d	d _ ng _ r _ _ s	s _ f _	sw _ _ t
br _ k _ n	_ sp _ r _ ng	d _ scr _ _ t	l _ v _ l
b _ st	f _ sc _ n _ t _ d	s _ cr _ t _ v _	b _ g
f _ rg _ tf _ l	s _ t _ sf _ _ ng	d _ ff _ r _ nt	h _ l _ r _ _ _ s
b _ r _ d	s _ l _ d	r _ fl _ ct _ v _	_ c _
b _ d	g _ dl _	_ nq _ _ s _ t _ v _	_ v _ _ l _ bl _
gr _ nd _ _ s _	b _ ll _ g _ r _ nt	d _ l _ ghtf _ l	_ m _ z _ ng
_ b _ _ rd	_ nn _ c _ nt	_ d _ _ t _ c	d _ m _ g _ d
_ nt _ rn _ l	m _ t _ r _	h _ ll _ w _ d	_ l _ g _ nt
fl _ t	p _ w _ rf _ l	_ bj _ ct	m _ rk _
w _ _ t _ ng	b _ t _ -s _ z _ d	s _ d	_ _ tr _ g _ _ _ s
bl _ sh _ ng	n _ _ r	d _ f _ ct _ v _	f _ rst
_ nc _ _ r _ g _ ng	q _ _ st _ _ n _ bl _	f _ n _ t _ c _ l	cr _ _ l
c _ ll _ _ s	h _ nds _ m _	ch _ bb _	dr _ b
_ l _ st _ c	_ nth _ s _ _ st _ c	r _ ght _ _ _ s	sc _ r _ d
wr _ ng	gr _ _ v _	_ nv _ nc _ bl _	h _ rsh
g _ ll _ bl _	sk _ llf _ l	n _ rm _ l	_ ll _ g _ d
_ n _ m _ t _ d	s _ c _ nd	_ gr _ _ _ bl _	br _ wn
_ c _ d	j _ _ _ _ s	d _ f _ _ nt	d _ l _ c _ _ _ s
w _ _ k	_ r _ m _ t _ c	t _ _ ths _ m _	h _ ghf _ l _ t _ n
_ n _ nt _ r _ st _ d	c _ mb _ t _ v _	s _ l _ ct _ v _	m _ l _
th _ nkf _ l	d _ sg _ st _ d	n _ tt _	_ d _ r _ bl _
m _ r _	dr _ nk	s _ mpl _	ch _ _ rf _ l
f _ r _ g _ _ ng	cl _ _ n	h _ d _ _ _ s	gr _ t _ f _ l
_ b _ rr _ nt	cl _ _ d _	m _ mm _ th	m _ j _ st _ c

_ ll _ g _ d	wh _ l _	th _ nkf _ l	w _ _ t _ ng
l _ v _ l	dr _ nk	c _ ll _ _ s	c _ _ t _ _ _ s
ch _ _ rf _ l	cl _ _ r	s _ f _	s _ mpl _
_ l _ g _ nt	_ mm _ ns _	_ b _ rr _ nt	_ r _ ct
h _ l _ r _ _ _ s	_ l _ st _ c	g _ rr _ l _ _ s	h _ ll _ w _ d
gr _ _ v _	str _ ng _	wr _ ng	_ m _ z _ ng
d _ ff _ r _ nt	c _ mm _ n	b _ mp _	r _ b _ st
_ bj _ ct	n _ b _ l _ _ s	t _ ll _ ng	f _ rg _ tf _ l
cl _ _ n	r _ ght _ _ _ s	_ ns _ d _ _ _ s	r _ fl _ ct _ v _
s _ cr _ t _ v _	dr _	m _ rk _	d _ m _ g _ d
g _ dl _	sw _ _ t	b _ st	h _ _ d _
g _ n _ r _ l	_ nn _ c _ nt	d _ sg _ st _ d	gr _ _ ch _
_ sp _ r _ ng	p _ w _ rf _ l	c _ mpl _ x	_ n _ nt _ r _ st _ d
pl _ _ n	b _ t _ -s _ z _ d	n _ tt _	c _ lc _ l _ t _ ng
_ nx _ _ _ s	d _ f _ _ nt	m _ r _	_ d _ _ t _ c
j _ v _ n _ l _	_ v _ _ l _ bl _	m _ mm _ th	_ nc _ _ r _ g _ ng
_ ff _ c _ c _ _ _ s	s _ l _ d	d _ f _ _ t _ d	r _ m _ nt _ c
fl _ t	br _ wn	_ n _ rg _ t _ c	q _ _ st _ _ n _ bl _
d _ f _ ct _ v _	_ xcl _ s _ v _	t _ _ ths _ m _	b _ rl _
n _ _ r	s _ d	d _ scr _ _ t	dr _ b
bl _ sh _ ng	_ n _ rm _ d	m _ t _ r _	r _ _ nd
d _ l _ ghtf _ l	br _ k _ n	pr _ _ d	f _ rst
h _ nds _ m _ l _	d _ ng _ r _ _ s	g _ ll _ bl _	m _ j _ st _ c
_ b _ _ rd	d _ _ r	b _ d	s _ c _ nd
_ d _ r _ bl _	h _ d _ _ _ s	_ r _ m _ t _ c	sc _ r _ d
l _ _ ng	h _ ghf _ l _ t _ n	c _ g _ _	c _ mb _ t _ v _

f _ sc _ n _ t _ d   _ ll _ g _ d   _ l _ g _ nt   _ m _ z _ ng

c _ mpl _ x   s _ dd _ n   d _ r _ ng _ d   wh _ l _

s _ d   h _ l _ r _ _ _ s   sc _ r _ d   ch _ _ rf _ l

c _ mb _ t _ v _   n _ rm _ l   sk _ llf _ l   ch _ bb _

str _ ng _   n _ tt _   d _ f _ _ t _ d   cl _ _ r

n _ _ r   t _ ll _ ng   _ n _ rg _ t _ c   p _ w _ rf _ l

dr _ nk   c _ mm _ n   _ mm _ ns _   d _ ng _ r _ _ s

h _ m _ l _   h _ _ d _   m _ j _ st _ c   d _ f _ ct _ v _

_ nth _ s _ _ st _ c _ ns _ d _ _ _ s   m _ rk _   d _ s _ ll _ s _ _ n _ d

b _ rl _   p _ l _   b _ d   s _ cr _ t _ v _

_ n _ m _ t _ d   cl _ _ d _   h _ rsh   f _ rg _ tf _ l

b _ st   sw _ _ t   w _ _ t _ ng   _ l _ st _ c

c _ _ t _ _ _ s   g _ n _ r _ l   b _ g   _ v _ _ l _ bl _

b _ ll _ g _ r _ nt   ch _ v _ lr _ _ s   d _ _ r   g _ ll _ bl _

d _ l _ ghtf _ l   gr _ nd _ _ s _   _ r _ ct   w _ _ k

m _ t _ r _   d _ m _ g _ d   c _ lc _ l _ t _ ng   h _ d _ _ _ s

m _ r _   dr _   gr _ _ v _   _ d _ _ t _ c

q _ _ st _ _ n _ bl _   dr _ b   _ nx _ _ _ s   d _ ff _ r _ nt

br _ k _ n   s _ f _   cr _ wd _ d   h _ ll _ w _ d

l _ _ rn _ d   t _ _ ths _ m _   kn _ tt _   cr _ _ l

j _ _ _ _ s   _ b _ _ rd   _ c _ d   _ bj _ ct

_ d _ r _ bl _   _ sp _ r _ ng   wr _ ng   th _ nkf _ l

c _ g _ _   br _ wn   s _ c _ nd   g _ dl _

b _ r _ d   pr _ _ d   b _ mp _   _ n _ rm _ d

_ n _ nt _ r _ st _ d   g _ rr _ l _ _ s   _ r _ m _ t _ c   b _ t _ -s _ z _ d

_ _ tr _ g _ _ _ s   f _ rst   fl _ t   m _ l _

cl _ _ n	_ mm _ ns _	d _ ng _ r _ _ s	_ nv _ nc _ bl _
_ nx _ _ _ s	dr _ nk	pl _ _ n	_ bj _ ct
r _ _ nd	_ nth _ s _ _ st _ c	r _ fl _ ct _ v _	ch _ _ rf _ l
bl _ sh _ ng	m _ j _ st _ c	br _ wn	h _ nds _ m _
d _ f _ _ t _ d	_ bh _ rr _ nt	th _ nkf _ l	d _ _ r
c _ lc _ l _ t _ ng	_ n _ nt _ r _ st _ d	l _ _ ng	sc _ r _ d
_ xcl _ s _ v _	_ nn _ c _ nt	d _ l _ ghtf _ l	_ r _ ct
s _ f _	_ ns _ d _ _ _ s	gr _ t _ f _ l	h _ nds _ m _ l _
j _ v _ n _ l _	g _ rr _ l _ _ s	br _ _ n _	r _ m _ nt _ c
b _ ll _ g _ r _ nt	dr _ b	h _ m _ l _ ss	n _ _ r
m _ t _ r _	_ nt _ rn _ l	t _ _ ths _ m _	m _ mm _ th
c _ ll _ _ s	c _ g _ _	wh _ l _	h _ lt _ ng
_ nq _ _ s _ t _ v _	_ gr _ _ _ bl _	j _ _ _ _ s	w _ _ k
d _ f _ _ nt	_ b _ _ rd	dr _	_ _ tr _ g _ _ _ s
g _ dl _	s _ l _ ct _ v _	w _ _ t _ ng	d _ ff _ r _ nt
n _ b _ l _ _ s	d _ scr _ _ t	f _ rst	cr _ _ l
h _ l _ r _ _ _ s	q _ _ st _ _ n _ bl _	gr _ _ ch _	_ nc _ _ r _ g _ ng
s _ cr _ t _ v _	m _ r _	br _ k _ n	cl _ _ r
r _ b _ st	f _ rg _ tf _ l	f _ r _ g _ _ ng	b _ g
l _ _ rn _ d	p _ l _	_ l _ st _ c	_ m _ z _ ng
h _ ll _ w _ d	cl _ _ d _	_ n _ rg _ t _ c	t _ ll _ ng
cr _ wd _ d	p _ w _ rf _ l	n _ rm _ l	str _ ng _
c _ _ t _ _ _ s	_ b _ rr _ nt	h _ rsh	g _ ll _ bl _
d _ s _ ll _ s _ _ n _ d	s _ c _ nd	l _ v _ l	d _ m _ g _ d
g _ n _ r _ l	sw _ _ t	gr _ nd _ _ s _	ch _ bb _
gr _ _ v _	h _ d _ _ _ s	b _ r _ d	fl _ t

c _ _ t _ _ _ s	p _ w _ rf _ l	_ nn _ c _ nt	f _ rst
d _ _ r	cr _ wd _ d	r _ b _ st	f _ rg _ tf _ l
th _ nkf _ l	_ nc _ _ r _ g _ ng	d _ scr _ _ t	cl _ _ d _
c _ g _ _	c _ lc _ l _ t _ ng	gr _ _ ch _	_ n _ rg _ t _ c
m _ j _ st _ c	_ mm _ ns _	c _ mm _ n	gr _ t _ f _ l
dr _ nk	_ bh _ rr _ nt	g _ ll _ bl _	str _ ng _
_ nth _ s _ _ st _ c	h _ ll _ w _ d	_ ff _ c _ c _ _ _ s	h _ d _ _ _ s
s _ d	m _ r _	j _ _ _ _ s	d _ l _ ghtf _ l
b _ g	h _ _ d _	n _ rm _ l	q _ _ st _ _ n _ bl _
m _ rk _	b _ st	h _ ghf _ l _ t _ n	r _ m _ nt _ c
f _ sc _ n _ t _ d	pl _ _ n	_ _ tr _ g _ _ _ s	r _ _ nd
b _ d	r _ ght _ _ _ s	_ r _ ct	wh _ l _
_ sp _ r _ ng	g _ n _ r _ l	t _ _ ths _ m _	_ d _ r _ bl _
d _ ff _ r _ nt	h _ nds _ m _	_ nx _ _ _ s	_ c _ d
b _ rl _	_ m _ z _ ng	cl _ _ r	h _ m _ l _ ss
sc _ r _ d	pr _ _ d	p _ l _	br _ wn
_ n _ m _ t _ d	f _ r _ g _ _ ng	s _ c _ nd	g _ dl _
d _ r _ ng _ d	p _ rf _ ct	_ xcl _ s _ v _	fl _ t
br _ k _ n	b _ ll _ g _ r _ nt	w _ _ t _ ng	s _ f _
_ nt _ rn _ l	dr _ b	d _ m _ g _ d	_ b _ _ rd
cl _ _ n	_ l _ g _ nt	r _ fl _ ct _ v _	_ r _ m _ t _ c
h _ m _ l _	ch _ bb _	_ bj _ ct	s _ l _ d
d _ s _ ll _ s _ _ n _ d	gr _ _ v _	_ n _ rm _ d	d _ ng _ r _ _ s
l _ _ rn _ d	b _ r _ d	n _ tt _	gr _ nd _ _ s _
f _ n _ t _ c _ l	cr _ _ l	s _ l _ ct _ v _	c _ mb _ t _ v _
bl _ sh _ ng	kn _ tt _	_ l _ st _ c	g _ rr _ l _ _ s

c _ g _ _	dr _	h _ l _ r _ _ _ s	s _ l _ ct _ v _
cr _ _ l	bl _ sh _ ng	_ sp _ r _ ng	_ r _ m _ t _ c
sk _ llf _ l	q _ _ st _ _ n _ bl _	dr _ nk	l _ _ rn _ d
_ n _ m _ t _ d	_ nv _ nc _ bl _	h _ ghf _ l _ t _ n	d _ ff _ r _ nt
_ n _ rg _ t _ c	f _ r _ g _ _ ng	c _ _ t _ _ _ s	_ bj _ ct
m _ l _	th _ nkf _ l	b _ rl _	h _ m _ l _
cl _ _ d _	d _ scr _ _ t	dr _ b	_ bs _ rd
str _ ng _	h _ ll _ w _ d	h _ nds _ m _	_ ns _ d _ _ _ s
_ dh _ s _ v _	br _ _ n _	d _ sg _ st _ d	pr _ _ d
_ mm _ ns _	d _ s _ ll _ s _ _ n _ d	_ b _ rr _ nt	m _ mm _ th
b _ d	f _ rg _ tf _ l	l _ v _ l	m _ r _
fl _ t	n _ b _ l _ _ s	_ r _ ct	cr _ wd _ d
_ m _ z _ ng	c _ lc _ l _ t _ ng	_ nx _ _ _ s	_ b _ _ rd
r _ _ nd	g _ ll _ bl _	d _ f _ ct _ v _	d _ l _ ghtf _ l
b _ z _ rr _	g _ n _ r _ l	_ d _ _ t _ c	t _ _ ths _ m _
r _ m _ nt _ c	_ ll _ g _ d	c _ ll _ _ s	b _ st
s _ f _	_ c _ d	d _ l _ c _ _ _ s	f _ rst
cl _ _ n	h _ m _ l _ ss	j _ v _ n _ l _	s _ c _ nd
b _ t _ -s _ z _ d	_ l _ g _ nt	gr _ t _ f _ l	gr _ _ v _
ch _ _ rf _ l	h _ _ d _	ch _ bb _	d _ ng _ r _ _ s
_ nq _ _ s _ t _ v _	l _ _ ng	n _ tt _	t _ ll _ ng
d _ r _ ng _ d	gr _ nd _ _ s _	m _ rk _	_ nc _ _ r _ g _ ng
f _ sc _ n _ t _ d	d _ f _ _ t _ d	h _ nds _ m _ l _	br _ wn
_ v _ _ l _ bl _	c _ mm _ n	pl _ _ n	gr _ _ ch _
s _ l _ d	n _ _ r	w _ _ t _ ng	s _ mpl _
g _ rr _ l _ _ s	sc _ r _ d	_ n _ rm _ d	wh _ l _

_ v _ _ l _ bl _	r _ ght _ _ _ s	ch _ _ rf _ l	j _ v _ n _ l _
cr _ wd _ d	_ xcl _ s _ v _	c _ ll _ _ s	_ nth _ s _ _ st _ c
s _ cr _ t _ v _	sw _ _ t	j _ _ _ _ s	m _ t _ r _
n _ tt _	_ m _ z _ ng	dr _ nk	r _ fl _ ct _ v _
_ sp _ r _ ng	s _ l _ ct _ v _	c _ mb _ t _ v _	b _ st
_ b _ _ rd	w _ _ t _ ng	h _ l _ r _ _ _ s	m _ mm _ th
c _ mm _ n	cl _ _ n	ch _ bb _	b _ r _ d
h _ lt _ ng	c _ lc _ l _ t _ ng	cl _ _ r	t _ _ ths _ m _
br _ k _ n	b _ g	bl _ sh _ ng	wh _ l _
_ nx _ _ _ s	f _ r _ g _ _ ng	_ n _ rm _ d	_ nt _ rn _ l
_ d _ _ t _ c	_ b _ rr _ nt	_ bs _ rd	_ c _ d
h _ m _ l _	d _ f _ _ nt	br _ wn	h _ ll _ w _ d
_ _ tr _ g _ _ _ s	_ nv _ nc _ bl _	_ n _ m _ t _ d	kn _ tt _
q _ _ st _ _ n _ bl _	n _ rm _ l	_ mm _ ns _	s _ dd _ n
l _ _ ng	d _ _ r	b _ t _ -s _ z _ d	sc _ r _ d
br _ _ n _	_ n _ nt _ r _ st _ d	_ n _ rg _ t _ c	ch _ v _ lr _ _ s
g _ ll _ bl _	str _ ng _	p _ l _	_ l _ st _ c
m _ j _ st _ c	_ ff _ c _ c _ _ _ s	d _ s _ ll _ s _ _ n _ d	m _ r _
g _ dl _	d _ f _ _ t _ d	s _ f _	g _ n _ r _ l
_ bh _ rr _ nt	h _ nds _ m _	d _ l _ ghtf _ l	b _ mp _
r _ m _ nt _ c	h _ d _ _ _ s	d _ m _ g _ d	gr _ _ ch _
_ r _ ct	c _ _ t _ _ _ s	_ dh _ s _ v _	f _ rst
cr _ _ l	pl _ _ n	gr _ nd _ _ s _	h _ rsh
s _ d	r _ b _ st	h _ m _ l _ ss	_ d _ r _ bl _
w _ _ k	d _ ff _ r _ nt	pr _ _ d	dr _ b
l _ v _ l	_ nq _ _ s _ t _ v _	n _ b _ l _ _ s	_ r _ m _ t _ c

h _ d _ _ _ s	d _ l _ ghtf _ l	r _ ght _ _ _ s	s _ d
_ n _ m _ t _ d	gr _ _ ch _	c _ g _ _	b _ rl _
sw _ _ t	c _ lc _ l _ t _ ng	wr _ ng	m _ t _ r _
h _ m _ l _	p _ l _	m _ rk _	c _ mb _ t _ v _
_ n _ nt _ r _ st _ d	_ ns _ d _ _ _ s	_ nx _ _ _ s	b _ g
g _ n _ r _ l	p _ w _ rf _ l	d _ m _ g _ d	s _ f _
n _ b _ l _ _ s	n _ _ r	f _ rst	_ nn _ c _ nt
d _ ng _ r _ _ s	h _ _ d _	br _ _ n _	gr _ nd _ _ s _
f _ rg _ tf _ l	_ r _ ct	g _ ll _ bl _	br _ wn
_ mm _ ns _	c _ ll _ _ s	c _ mm _ n	g _ rr _ l _ _ s
d _ f _ _ nt	r _ b _ st	_ xcl _ s _ v _	_ m _ z _ ng
dr _ b	t _ ll _ ng	cr _ _ l	_ l _ st _ c
h _ ll _ w _ d	th _ nkf _ l	l _ _ ng	q _ _ st _ _ n _ bl _
j _ v _ n _ l _	l _ v _ l	_ bh _ rr _ nt	m _ l _
s _ dd _ n	d _ sg _ st _ d	_ nt _ rn _ l	bl _ sh _ ng
ch _ bb _	s _ cr _ t _ v _	r _ m _ nt _ c	_ ff _ c _ c _ _ _ s
h _ l _ r _ _ _ s	s _ mpl _	kn _ tt _	d _ f _ _ t _ d
sk _ llf _ l	t _ _ ths _ m _	_ nq _ _ s _ t _ v _	str _ ng _
_ n _ rg _ t _ c	h _ rsh	d _ _ r	br _ k _ n
_ d _ _ t _ c	cl _ _ n	h _ nds _ m _ l _	h _ m _ l _ ss
_ bs _ rd	m _ j _ st _ c	_ v _ _ l _ bl _	fl _ t
s _ l _ ct _ v _	_ b _ _ rd	r _ _ nd	c _ _ t _ _ _ s
b _ r _ d	_ ll _ g _ d	d _ ff _ r _ nt	wh _ l _
n _ tt _	f _ r _ g _ _ ng	d _ scr _ _ t	w _ _ t _ ng
_ nv _ nc _ bl _	_ gr _ _ _ bl _	d _ f _ ct _ v _	b _ d
d _ r _ ng _ d	c _ mpl _ x	ch _ _ rf _ l	gr _ t _ f _ l

r _ _ nd	r _ m _ nt _ c	_ nn _ c _ nt	_ mm _ ns _
g _ ll _ bl _	s _ d	q _ _ st _ _ n _ bl _	s _ t _ sf _ _ ng
b _ st	h _ d _ _ _ s	bl _ sh _ ng	t _ _ ths _ m _
d _ scr _ _ t	s _ c _ nd	g _ rr _ l _ _ s	_ d _ r _ bl _
j _ v _ n _ l _	_ gr _ _ _ bl _	th _ nkf _ l	b _ d
_ r _ m _ t _ c	d _ _ r	d _ f _ ct _ v _	_ ff _ c _ c _ _ _ s
j _ _ _ _ s	c _ g _ _	wh _ l _	h _ ghf _ l _ t _ n
b _ r _ d	m _ l _	_ n _ rg _ t _ c	_ l _ g _ nt
l _ v _ l	r _ ght _ _ _ s	ch _ bb _	h _ lt _ ng
dr _	n _ b _ l _ _ s	_ b _ _ rd	h _ l _ r _ _ _ s
pl _ _ n	h _ ll _ w _ d	_ dh _ s _ v _	d _ f _ _ nt
c _ mm _ n	c _ mpl _ x	_ bs _ rd	d _ l _ ghtf _ l
kn _ tt _	dr _ b	b _ ll _ g _ r _ nt	_ m _ z _ ng
p _ w _ rf _ l	g _ n _ r _ l	f _ rst	d _ f _ _ t _ d
h _ m _ l _	f _ r _ g _ _ ng	s _ dd _ n	p _ rf _ ct
br _ _ n _	fl _ t	gr _ nd _ _ s _	c _ _ t _ _ _ s
_ nv _ nc _ bl _	n _ tt _	cl _ _ r	w _ _ t _ ng
f _ rg _ tf _ l	s _ f _	_ b _ rr _ nt	br _ wn
s _ l _ d	sk _ llf _ l	d _ ng _ r _ _ s	d _ r _ ng _ d
d _ m _ g _ d	_ nx _ _ _ s	wr _ ng	n _ rm _ l
_ _ tr _ g _ _ _ s	r _ fl _ ct _ v _	sc _ r _ d	b _ t _ -s _ z _ d
cl _ _ d _	g _ dl _	d _ ff _ r _ nt	m _ t _ r _
t _ ll _ ng	f _ sc _ n _ t _ d	s _ l _ ct _ v _	_ n _ m _ t _ d
cl _ _ n	l _ _ rn _ d	m _ mm _ th	pr _ _ d
_ n _ nt _ r _ st _ d	_ nth _ s _ _ st _ c	gr _ _ ch _	str _ ng _
d _ sg _ st _ d	c _ ll _ _ s	_ ll _ g _ d	h _ rsh

s _ c _ nd	f _ rg _ tf _ l	ch _ bb _	l _ v _ l
n _ rm _ l	d _ ng _ r _ _ s	sk _ llf _ l	d _ _ r
br _ wn	c _ mpl _ x	cl _ _ d _	g _ rr _ l _ _ s
n _ _ r	cr _ _ l	ch _ _ rf _ l	t _ ll _ ng
n _ b _ l _ _ s	c _ mb _ t _ v _	h _ lt _ ng	h _ d _ _ _ s
b _ d	s _ mpl _	bl _ sh _ ng	gr _ t _ f _ l
_ n _ rg _ t _ c	l _ _ rn _ d	h _ ghf _ l _ t _ n	w _ _ t _ ng
_ nth _ s _ _ st _ c	l _ _ ng	d _ r _ ng _ d	m _ j _ st _ c
_ nx _ _ _ s	_ r _ ct	_ nt _ rn _ l	dr _ nk
ch _ v _ lr _ _ s	_ nq _ _ s _ t _ v _	g _ n _ r _ l	b _ t _ -s _ z _ d
wh _ l _	d _ f _ ct _ v _	j _ _ _ _ s	_ mm _ ns _
_ d _ r _ bl _	_ l _ g _ nt	_ n _ m _ t _ d	c _ ll _ _ s
sw _ _ t	b _ mp _	s _ cr _ t _ v _	pl _ _ n
pr _ _ d	d _ m _ g _ d	m _ t _ r _	_ sp _ r _ ng
kn _ tt _	d _ l _ ghtf _ l	h _ ll _ w _ d	s _ dd _ n
gr _ nd _ _ s _	_ ll _ g _ d	sc _ r _ d	w _ _ k
g _ ll _ bl _	r _ m _ nt _ c	_ m _ z _ ng	b _ st
br _ _ n _	gr _ _ v _	f _ sc _ n _ t _ d	p _ w _ rf _ l
h _ _ d _	m _ rk _	g _ dl _	_ ff _ c _ c _ _ _ s
d _ f _ _ nt	_ r _ m _ t _ c	d _ scr _ _ t	h _ nds _ m _ l _
wr _ ng	_ xcl _ s _ v _	dr _ b	d _ sg _ st _ d
_ nn _ c _ nt	c _ lc _ l _ t _ ng	c _ _ t _ _ _ s	_ b _ _ rd
b _ rl _	m _ r _	m _ l _	f _ rst
r _ b _ st	cl _ _ r	cr _ wd _ d	cl _ _ n
_ _ tr _ g _ _ _ s	p _ l _	b _ g	h _ l _ r _ _ _ s
n _ tt _	d _ f _ _ t _ d	str _ ng _	h _ nds _ m _

w _ _ k	p _ w _ rf _ l	s _ c _ nd	d _ scr _ _ t
cl _ _ r	_ b _ _ rd	dr _ b	br _ _ n _
sk _ llf _ l	_ r _ ct	h _ _ d _	p _ rf _ ct
r _ m _ nt _ c	_ v _ _ l _ bl _	fl _ t	_ c _ d
wh _ l _	_ l _ st _ c	d _ s _ ll _ s _ _ n _ d	_ b _ rr _ nt
g _ n _ r _ l	cl _ _ n	n _ tt _	r _ fl _ ct _ v _
ch _ bb _	n _ b _ l _ _ s	h _ m _ l _	g _ ll _ bl _
d _ _ r	bl _ sh _ ng	h _ nds _ m _	h _ lt _ ng
_ mm _ ns _	s _ mpl _	cr _ wd _ d	b _ rl _
d _ f _ _ t _ d	dr _ nk	_ nt _ rn _ l	b _ st
_ xcl _ s _ v _	_ bj _ ct	_ nn _ c _ nt	h _ l _ r _ _ _ s
q _ _ st _ _ n _ bl _	str _ ng _	gr _ nd _ _ s _	ch _ _ rf _ l
gr _ t _ f _ l	j _ _ _ _ s	n _ _ r	_ r _ m _ t _ c
d _ m _ g _ d	s _ d	m _ j _ st _ c	c _ mm _ n
r _ _ nd	h _ ll _ w _ d	d _ sg _ st _ d	f _ rg _ tf _ l
dr _	_ ns _ d _ _ _ s	h _ ghf _ l _ t _ n	wr _ ng
s _ dd _ n	th _ nkf _ l	d _ ng _ r _ _ s	m _ t _ r _
_ nx _ _ _ s	s _ f _	_ m _ z _ ng	gr _ _ ch _
kn _ tt _	gr _ _ v _	br _ wn	pr _ _ d
w _ _ t _ ng	d _ l _ ghtf _ l	c _ mpl _ x	_ nth _ s _ _ st _ c
f _ rst	_ _ tr _ g _ _ _ s	_ dh _ s _ v _	ch _ v _ lr _ _ s
_ ff _ c _ c _ _ _ s	c _ lc _ l _ t _ ng	b _ t _ -s _ z _ d	_ d _ r _ bl _
_ bh _ rr _ nt	c _ ll _ _ s	m _ r _	_ n _ rm _ d
_ l _ g _ nt	d _ r _ ng _ d	l _ _ ng	_ nc _ _ r _ g _ ng
h _ rsh	_ n _ rg _ t _ c	_ nq _ _ s _ t _ v _	_ sp _ r _ ng
d _ ff _ r _ nt	n _ rm _ l	br _ k _ n	l _ v _ l

_ ff _ c _ c _ _ _ s	f _ rg _ tf _ l	pr _ _ d	_ n _ rm _ d
j _ _ _ _ s	th _ nkf _ l	_ ll _ g _ d	r _ b _ st
br _ wn	c _ lc _ l _ t _ ng	_ bj _ ct	_ r _ m _ t _ c
s _ mpl _	_ nq _ _ s _ t _ v _	n _ _ r	d _ f _ _ nt
g _ rr _ l _ _ s	wh _ l _	_ bs _ rd	sc _ r _ d
d _ f _ _ t _ d	l _ v _ l	b _ rl _	b _ t _ -s _ z _ d
h _ l _ r _ _ _ s	s _ c _ nd	h _ ghf _ l _ t _ n	_ xcl _ s _ v _
br _ k _ n	n _ tt _	f _ rst	ch _ bb _
cl _ _ n	_ sp _ r _ ng	h _ rsh	d _ m _ g _ d
t _ ll _ ng	_ v _ _ l _ bl _	b _ g	b _ d
_ n _ nt _ r _ st _ d	m _ mm _ th	b _ ll _ g _ r _ nt	h _ d _ _ _ s
ch _ _ rf _ l	n _ rm _ l	s _ t _ sf _ _ ng	c _ mpl _ x
_ nc _ _ r _ g _ ng	m _ r _	fl _ t	d _ scr _ _ t
j _ v _ n _ l _	_ d _ _ t _ c	s _ cr _ t _ v _	d _ sg _ st _ d
m _ l _	d _ f _ ct _ v _	h _ nds _ m _ l _	d _ l _ ghtf _ l
w _ _ k	_ b _ rr _ nt	c _ mb _ t _ v _	bl _ sh _ ng
l _ _ ng	_ r _ ct	pl _ _ n	cr _ wd _ d
s _ d	f _ sc _ n _ t _ d	s _ dd _ n	_ m _ z _ ng
_ nt _ rn _ l	cr _ _ l	_ mm _ ns _	c _ g _ _
gr _ _ ch _	_ gr _ _ _ bl _	_ nv _ nc _ bl _	gr _ _ v _
d _ ff _ r _ nt	h _ _ d _	_ l _ st _ c	n _ b _ l _ _ s
_ _ tr _ g _ _ _ s	r _ m _ nt _ c	h _ ll _ w _ d	sw _ _ t
h _ m _ l _ ss	kn _ tt _	d _ _ r	_ n _ rg _ t _ c
br _ _ n _	_ nx _ _ _ s	m _ rk _	w _ _ t _ ng
q _ _ st _ _ n _ bl _	d _ ng _ r _ _ s	g _ n _ r _ l	gr _ t _ f _ l
h _ lt _ ng	_ nn _ c _ nt	t _ _ ths _ m _	r _ fl _ ct _ v _

q _ _ st _ _ n _ bl _	w _ _ k	g _ dl _	b _ mp _
w _ _ t _ ng	_ nq _ _ s _ t _ v _	l _ v _ l	_ _ tr _ g _ _ _ s
c _ lc _ l _ t _ ng	d _ l _ ghtf _ l	sw _ _ t	_ b _ _ rd
_ nc _ _ r _ g _ ng	d _ m _ g _ d	p _ rf _ ct	s _ dd _ n
f _ rg _ tf _ l	dr _ b	d _ s _ ll _ s _ _ n d	t _ _ ths _ m _
_ ff _ c _ c _ _ _ s	n _ tt _	cr _ wd _ d	r _ m _ nt _ c
br _ _ n _	h _ m _ l _	_ ll _ g _ d	j _ v _ n _ l _
b _ t _ -s _ z _ d	j _ _ _ _ s	n _ _ r	gr _ t _ f _ l
ch _ v _ lr _ _ s	d _ f _ _ t _ d	h _ ll _ w _ d	pl _ _ n
_ l _ g _ nt	m _ mm _ th	ch _ bb _	br _ k _ n
s _ d	t _ ll _ ng	b _ ll _ g _ r _ nt	_ ns _ d _ _ _ s
sc _ r _ d	c _ mm _ n	_ n _ m _ t _ d	_ bh _ rr _ nt
_ bj _ ct	_ m _ z _ ng	_ sp _ r _ ng	sk _ llf _ l
s _ l _ ct _ v _	d _ scr _ _ t	_ r _ m _ t _ c	m _ r _
n _ rm _ l	f _ sc _ n _ t _ d	c _ _ t _ _ _ s	wh _ l _
dr _	_ n _ rg _ t _ c	b _ g	d _ ff _ r _ nt
r _ b _ st	f _ rst	_ b _ rr _ nt	b _ rl _
h _ rsh	p _ w _ rf _ l	m _ l _	_ nn _ c _ nt
_ n _ rm _ d	gr _ nd _ _ s _	fl _ t	d _ _ r
s _ l _ d	m _ j _ st _ c	cr _ _ l	h _ l _ r _ _ _ s
g _ ll _ bl _	b _ d	d _ f _ ct _ v _	r _ ght _ _ _ s
r _ fl _ ct _ v _	c _ mpl _ x	_ nv _ nc _ bl _	_ nt _ rn _ l
m _ t _ r _	l _ _ ng	cl _ _ n	d _ f _ _ nt
_ c _ d	s _ cr _ t _ v _	ch _ _ rf _ l	_ nx _ _ _ s
b _ r _ d	s _ f _	n _ b _ l _ _ s	c _ ll _ _ s
_ l _ st _ c	_ nth _ s _ _ st _ c	c _ g _ _	th _ nkf _ l

_ n _ rm _ d	pr _ _ d	_ mm _ ns _	dr _ b
_ n _ m _ t _ d	q _ _ st _ _ n _ bl _	h _ ll _ w _ d	_ bh _ rr _ nt
m _ j _ st _ c	gr _ _ ch _	s _ mpl _	w _ _ k
n _ _ r	s _ cr _ t _ v _	b _ t _ -s _ z _ d	c _ mpl _ x
pl _ _ n	r _ b _ st	ch _ bb _	g _ dl _
d _ sg _ st _ d	b _ d	s _ l _ d	gr _ _ v _
ch _ _ rf _ l	h _ _ d _	c _ g _ _	_ d _ r _ bl _
_ n _ nt _ r _ st _ d	r _ _ nd	br _ wn	fl _ t
_ b _ _ rd	p _ rf _ ct	h _ m _ l _	t _ ll _ ng
_ r _ m _ t _ c	d _ l _ ghtf _ l	wh _ l _	_ nt _ rn _ l
d _ ng _ r _ _ s	h _ ghf _ l _ t _ n	p _ w _ rf _ l	_ nc _ _ r _ g _ ng
g _ ll _ bl _	s _ f _	g _ n _ r _ l	_ ff _ c _ c _ _ _ s
s _ dd _ n	sk _ llf _ l	_ m _ z _ ng	_ b _ rr _ nt
d _ f _ _ t _ d	b _ rl _	_ n _ rg _ t _ c	d _ _ r
bl _ sh _ ng	j _ _ _ _ s	_ nn _ c _ nt	cl _ _ n
h _ nds _ m _ l _	br _ _ n _	cr _ _ l	r _ m _ nt _ c
f _ rst	m _ rk _	s _ l _ ct _ v _	r _ fl _ ct _ v _
_ xcl _ s _ v _	m _ t _ r _	b _ ll _ g _ r _ nt	d _ s _ ll _ s _ _ n _ d
f _ sc _ n _ t _ d	l _ _ ng	_ nv _ nc _ bl _	w _ _ t _ ng
h _ l _ r _ _ _ s	h _ lt _ ng	_ d _ _ t _ c	d _ f _ ct _ v _
f _ rg _ tf _ l	_ dh _ s _ v _	b _ mp _	_ ll _ g _ d
_ c _ d	d _ r _ ng _ d	h _ d _ _ _ s	ch _ v _ lr _ _ s
dr _ nk	h _ rsh	cl _ _ d _	_ r _ ct
th _ nkf _ l	d _ ff _ r _ nt	t _ _ ths _ m _	d _ scr _ _ t
_ bj _ ct	wr _ ng	kn _ tt _	h _ m _ l _ ss
_ ns _ d _ _ _ s	str _ ng _	sw _ _ t	sc _ r _ d

_ d _ _ t _ c	_ d _ r _ bl _	h _ nds _ m _ l _	_ m _ z _ ng
r _ b _ st	m _ r _	s _ d	g _ dl _
cl _ _ d _	_ nn _ c _ nt	f _ rg _ tf _ l	l _ _ ng
m _ rk _	_ c _	m _ j _ st _ c	b _ st
wr _ ng	f _ rst	g _ ll _ bl _	d _ ff _ r _ nt
h _ m _ l _ ss	h _ ll _ w _ d	m _ l _	g _ n _ r _ l
h _ nds _ m _	s _ t _ sf _ _ ng	_ v _ _ l _ bl _	d _ f _ _ t _ d
gr _ nd _ _ s _	m _ mm _ th	b _ rl _	l _ _ rn _ d
s _ f _	c _ g _ _	cl _ _ r	c _ lc _ l _ t _ ng
_ nv _ nc _ bl _	br _ k _ n	d _ l _ c _ _ _ s	q _ _ st _ _ n _ bl _
cr _ _ l	r _ fl _ ct _ v _	kn _ tt _	b _ g
wh _ l _	br _ wn	pl _ _ n	f _ r _ g _ _ ng
_ ns _ d _ _ _ s	fl _ t	p _ w _ rf _ l	f _ sc _ n _ t _ d
b _ ll _ g _ r _ nt	c _ _ t _ _ _ s	h _ m _ l _	_ gr _ _ _ bl _
c _ mm _ n	d _ f _ ct _ v _	br _ _ n _	d _ m _ g _ d
dr _	b _ r _ d	d _ sg _ st _ d	s _ c _ nd
_ nc _ _ r _ g _ ng	n _ ll	_ sp _ r _ ng	str _ ng _
ch _ bb _	s _ cr _ t _ v _	_ bj _ ct	m _ t _ r _
p _ rf _ ct	b _ mp _	d _ _ r	_ b _ _ rd
_ ll _ g _ d	_ r _ ct	b _ d	dr _ b
f _ n _ t _ c _ l	r _ _ nd	_ c _ d	h _ _ d _
b _ t _ -s _ z _ d	r _ m _ nt _ c	j _ _ _ _ s	p _ l _
_ nt _ rn _ l	gr _ _ v _	s _ l _ d	h _ ghf _ l _ t _ n
gr _ _ ch _	pr _ _ d	_ l _ st _ c	_ n _ rm _ d
_ n _ m _ t _ d	_ mm _ ns _	_ nth _ s _ _ st _ c	_ bs _ rd
h _ lt _ ng	j _ v _ n _ l _	th _ nkf _ l	w _ _ k

n _ rm _ l	b _ mp _	_ nv _ nc _ bl _	_ l _ st _ c
g _ n _ r _ l	_ ns _ d _ _ _ s	_ r _ ct	h _ ll _ w _ d
m _ r _	l _ _ rn _ d	s _ dd _ n	sw _ _ t
h _ rsh	r _ m _ nt _ c	j _ v _ n _ l _	_ nth _ s _ _ st _ c
c _ _ t _ _ _ s	c _ lc _ l _ t _ ng	p _ rf _ ct	d _ ff _ r _ nt
_ d _ r _ bl _	c _ g _ _	fl _ t	_ b _ _ rd
m _ l _	h _ ghf _ l _ t _ n	cr _ _ l	cl _ _ n
_ v _ _ l _ bl _	q _ _ st _ _ n _ bl _	w _ _ t _ ng	r _ fl _ ct _ v _
s _ l _ ct _ v _	c _ ll _ _ s	l _ _ ng	n _ _ r
h _ l _ r _ _ _ s	h _ d _ _ _ s	ch _ _ rf _ l	gr _ _ ch _
m _ rk _	dr _ b	cr _ wd _ d	br _ wn
_ l _ g _ nt	j _ _ _ _ s	_ mm _ ns _	n _ tt _
n _ b _ l _ _ s	_ nx _ _ _ s	_ c _ d	d _ f _ _ t _ d
wr _ ng	d _ r _ ng _ d	br _ k _ n	c _ mm _ n
p _ l _	s _ c _ nd	h _ m _ l _	d _ scr _ _ t
_ d _ _ t _ c	th _ nkf _ l	b _ t _ -s _ z _ d	f _ n _ t _ c _ l
_ n _ rg _ t _ c	s _ t _ sf _ _ ng	s _ mpl _	m _ t _ r _
pr _ _ d	cl _ _ r	_ m _ z _ ng	f _ rst
d _ m _ g _ d	_ r _ m _ t _ c	f _ r _ g _ _ ng	g _ ll _ bl _
b _ z _ rr _	gr _ t _ f _ l	b _ r _ d	d _ sg _ st _ d
b _ st	p _ w _ rf _ l	gr _ _ v _	s _ cr _ t _ v _
f _ sc _ n _ t _ d	d _ f _ ct _ v _	d _ ng _ r _ _ s	str _ ng _
r _ ght _ _ _ s	_ dh _ s _ v _	_ _ tr _ g _ _ _ s	ch _ bb _
wh _ l _	c _ mpl _ x	d _ l _ ghtf _ l	d _ _ r
m _ mm _ th	b _ g	sc _ r _ d	_ gr _ _ _ bl _
c _ mb _ t _ v _	ch _ v _ lr _ _ s	t _ ll _ ng	_ nq _ _ s _ t _ v _

r _ b _ st	h _ ghf _ l _ t _ n	cr _ _ l	br _ wn
cl _ _ r	f _ rst	n _ b _ l _ _ s	d _ ng _ r _ _ s
_ b _ _ rd	dr _ b	w _ _ t _ ng	_ l _ st _ c
p _ w _ rf _ l	f _ sc _ n _ t _ d	_ nth _ s _ _ st _ c	n _ ll
h _ d _ _ _ s	b _ t _ -s _ z _ d	s _ c _ nd	d _ f _ ct _ v _
_ gr _ _ _ bl _	_ d _ r _ bl _	bl _ sh _ ng	gr _ nd _ _ s _
_ nc _ _ r _ g _ ng	g _ ll _ bl _	m _ l _	_ nx _ _ _ s
h _ l _ r _ _ _ s	cl _ _ n	_ mm _ ns _	gr _ _ v _
w _ _ k	_ xcl _ s _ v _	m _ j _ st _ c	_ nn _ c _ nt
h _ ll _ w _ d	_ bh _ rr _ nt	sw _ _ t	n _ _ r
dr _	s _ cr _ t _ v _	sk _ llf _ l	_ d _ _ t _ c
_ bs _ rd	cl _ _ d _	c _ mpl _ x	b _ r _ d
q _ _ st _ _ n _ bl _	p _ rf _ ct	gr _ _ ch _	j _ _ _ _ s
str _ ng _	br _ _ n _	kn _ tt _	h _ nds _ m _ l _
c _ mm _ n	d _ l _ c _ _ _ s	_ c _	s _ l _ d
l _ _ rn _ d	gr _ bb _	d _ m _ g _ d	t _ ll _ ng
s _ l _ ct _ v _	f _ rg _ tf _ l	b _ d	_ r _ m _ t _ c
b _ stl _ ng	_ n _ rg _ t _ c	g _ n _ r _ l	p _ l _
s _ mpl _	_ l _ g _ nt	h _ rsh	m _ t _ r _
th _ nkf _ l	m _ r _	c _ lc _ l _ t _ ng	c _ ll _ _ s
br _ k _ n	f _ r _ g _ _ ng	d _ ff _ r _ nt	b _ z _ rr _
ch _ _ rf _ l	_ c _ d	wh _ l _	_ nq _ _ s _ t _ v _
c _ g _ _	m _ mm _ th	cr _ wd _ d	h _ lt _ ng
d _ sg _ st _ d	sc _ r _ d	_ n _ m _ t _ d	d _ l _ ghtf _ l
wr _ ng	pl _ _ n	s _ dd _ n	b _ g
l _ _ ng	h _ m _ l _	d _ f _ _ nt	t _ _ ths _ m _

d _ r _ ng _ d	c _ mm _ n	_ nv _ nc _ bl _	d _ ff _ r _ nt
gr _ nd _ _ s _	_ ff _ c _ c _ _ _ s	d _ f _ _ nt	_ mm _ ns _
w _ _ k	b _ rl _	g _ ll _ bl _	d _ m _ g _ d
h _ rsh	dr _ b	w _ _ t _ ng	h _ lt _ ng
c _ mpl _ x	r _ b _ st	h _ l _ r _ _ _ s	_ dh _ s _ v _
_ n _ nt _ r _ st _ d	c _ g _ _	_ d _ r _ bl _	q _ _ st _ _ n _ bl _
dr _ nk	m _ j _ st _ c	br _ wn	h _ m _ l _
d _ f _ ct _ v _	_ d _ _ t _ c	_ v _ _ l _ bl _	_ b _ rr _ nt
_ nq _ _ s _ t _ v _	b _ r _ d	s _ l _ d	sc _ r _ d
br _ _ n _	d _ ng _ r _ _ s	b _ t _ -s _ z _ d	h _ nds _ m _
f _ sc _ n _ t _ d	cl _ _ r	_ m _ z _ ng	ch _ v _ lr _ _ s
sk _ llf _ l	r _ _ nd	s _ dd _ n	_ r _ ct
b _ mp _	m _ r _	l _ _ rn _ d	n _ tt _
s _ mpl _	dr _	d _ l _ ghtf _ l	ch _ bb _
pr _ _ d	s _ f _	h _ d _ _ _ s	gr _ _ v _
p _ w _ rf _ l	_ nn _ c _ nt	cr _ wd _ d	wr _ ng
_ nc _ _ r _ g _ ng	kn _ tt _	br _ k _ n	p _ l _
n _ _ r	m _ rk _	th _ nkf _ l	_ ll _ g _ d
_ l _ st _ c	b _ ll _ g _ r _ nt	d _ sg _ st _ d	_ bh _ rr _ nt
c _ ll _ _ s	b _ g	g _ rr _ l _ _ s	l _ v _ l
n _ rm _ l	f _ rg _ tf _ l	h _ _ d _	bl _ sh _ ng
_ _ tr _ g _ _ _ s	_ nt _ rn _ l	cr _ _ l	j _ _ _ _ s
m _ t _ r _	_ n _ rm _ d	gr _ t _ f _ l	wh _ l _
str _ ng _	_ r _ m _ t _ c	_ xcl _ s _ v _	cl _ _ n
s _ c _ nd	d _ s _ ll _ s _ _ n _ d	ch _ _ rf _ l	r _ m _ nt _ c
h _ ll _ w _ d	r _ ght _ _ _ s	h _ m _ l _ ss	c _ mb _ t _ v _

_ bj _ ct	_ nc _ _ r _ g _ ng	g _ ll _ bl _	m _ j _ st _ c
s _ d	s _ l _ d	d _ m _ g _ d	dr _ b
d _ ff _ r _ nt	m _ r _	ch _ bb _	_ c _ d
d _ scr _ _ t	d _ ng _ r _ _ s	wr _ ng	_ ll _ g _ d
ch _ v _ lr _ _ s	b _ d	d _ f _ ct _ v _	c _ mpl _ x
_ nn _ c _ nt	_ nq _ _ s _ t _ v _	t _ ll _ ng	m _ rk _
p _ w _ rf _ l	r _ _ nd	t _ _ ths _ m _	_ nx _ _ _ s
c _ mm _ n	_ b _ _ rd	h _ l _ r _ _ _ s	h _ rsh
_ r _ m _ t _ c	_ m _ z _ ng	r _ b _ st	_ n _ rm _ d
_ ff _ c _ c _ _ _ s	sw _ _ t	_ n _ rg _ t _ c	_ v _ _ l _ bl _
h _ ghf _ l _ t _ n	l _ v _ l	h _ lt _ ng	h _ m _ l _
c _ ll _ _ s	dr _ nk	cr _ _ l	q _ _ st _ _ n _ bl _
gr _ t _ f _ l	pr _ _ d	s _ c _ nd	d _ f _ _ nt
_ bh _ rr _ nt	s _ mpl _	b _ ll _ g _ r _ nt	br _ _ n _
_ sp _ r _ ng	m _ l _	wh _ l _	b _ mp _
h _ _ d _	m _ t _ r _	_ r _ ct	l _ _ rn _ d
_ _ tr _ g _ _ _ s	w _ _ k	_ xcl _ s _ v _	n _ _ r
cr _ wd _ d	str _ ng _	d _ f _ _ t _ d	l _ _ ng
h _ nds _ m _ l _	n _ b _ l _ _ s	m _ mm _ th	r _ ght _ _ _ s
_ d _ r _ bl _	b _ t _ -s _ z _ d	f _ rst	_ n _ m _ t _ d
br _ k _ n	s _ f _	b _ st	_ b _ rr _ nt
_ mm _ ns _	h _ ll _ w _ d	f _ sc _ n _ t _ d	h _ nds _ m _
c _ lc _ l _ t _ ng	h _ d _ _ _ s	n _ tt _	dr _
_ ns _ d _ _ _ s	_ dh _ s _ v _	n _ rm _ l	p _ l _
bl _ sh _ ng	gr _ nd _ _ s _	d _ l _ ghtf _ l	s _ cr _ t _ v _
_ l _ g _ nt	pl _ _ n	th _ nkf _ l	g _ n _ r _ l

b _ d	gr _ nd _ _ s _	_ n _ nt _ r _ st _ d	_ gr _ _ _ bl _
b _ t _ -s _ z _ d	h _ ghf _ l _ t _ n	h _ m _ l _	b _ ll _ g _ r _ nt
bl _ sh _ ng	t _ ll _ ng	_ l _ g _ nt	q _ _ st _ _ n _ bl _
wr _ ng	gr _ _ ch _	m _ l _	_ _ tr _ g _ _ _ s
_ v _ _ l _ bl _	l _ v _ l	_ nn _ c _ nt	b _ st
c _ mb _ t _ v _	r _ m _ nt _ c	pr _ _ d	h _ l _ r _ _ _ s
_ c _ d	g _ ll _ bl _	cl _ _ r	r _ _ nd
r _ ght _ _ _ s	_ bj _ ct	c _ lc _ l _ t _ ng	w _ _ t _ ng
_ n _ rm _ d	s _ cr _ t _ v _	s _ f _	_ r _ m _ t _ c
s _ d	f _ sc _ n _ t _ d	ch _ v _ lr _ _ s	br _ k _ n
_ n _ rg _ t _ c	r _ b _ st	_ bh _ rr _ nt	wh _ l _
m _ mm _ th	d _ s _ ll _ s _ _ n _ d	d _ l _ ghtf _ l	_ m _ z _ ng
m _ rk _	_ nv _ nc _ bl _	f _ rst	cr _ wd _ d
_ xcl _ s _ v _	d _ m _ g _ d	b _ mp _	h _ ll _ w _ d
h _ rsh	dr _ nk	s _ dd _ n	n _ tt _
h _ nds _ m _	h _ d _ _ _ s	b _ r _ d	j _ v _ n _ l _
j _ _ _ _ s	p _ l _	m _ t _ r _	h _ _ d _
n _ _ r	_ r _ ct	g _ n _ r _ l	ch _ bb _
d _ f _ _ nt	br _ wn	d _ _ r	s _ l _ ct _ v _
m _ j _ st _ c	s _ mpl _	_ nq _ _ s _ t _ v _	sk _ llf _ l
ch _ _ rf _ l	_ nth _ s _ _ st _ c	th _ nkf _ l	c _ ll _ _ s
n _ b _ l _ _ s	cl _ _ n	cl _ _ d _	dr _
h _ m _ l _ ss	s _ t _ sf _ _ ng	m _ r _	_ b _ _ rd
_ ll _ g _ d	l _ _ ng	t _ _ ths _ m _	d _ scr _ _ t
d _ f _ _ t _ d	_ n _ m _ t _ d	d _ r _ ng _ d	d _ ng _ r _ _ s
d _ f _ ct _ v _	r _ fl _ ct _ v _	_ sp _ r _ ng	fl _ t

_ r _ m _ t _ c	cl _ _ d _	_ b _ _ rd	m _ r _
r _ m _ nt _ c	_ r _ ct	h _ lt _ ng	s _ l _ ct _ v _
r _ b _ st	gr _ _ ch _	b _ st	fl _ t
_ bh _ rr _ nt	s _ f _	_ ns _ d _ _ _ s	p _ rf _ ct
m _ rk _	b _ z _ rr _	n _ rm _ l	pr _ _ d
c _ mm _ n	_ d _ r _ bl _	c _ ll _ _ s	gr _ _ v _
str _ ng _	cr _ _ l	ch _ _ rf _ l	d _ ng _ r _ _ s
_ nt _ rn _ l	h _ ghf _ l _ t _ n	c _ mpl _ x	_ d _ _ t _ c
b _ r _ d	s _ cr _ t _ v _	b _ g	f _ sc _ n _ t _ d
br _ k _ n	n _ tt _	h _ m _ l _	_ m _ z _ ng
_ _ tr _ g _ _ _ s	_ sp _ r _ ng	gr _ nd _ _ s _	wh _ l _
g _ ll _ bl _	_ c _ d	pl _ _ n	s _ l _ d
m _ t _ r _	m _ j _ st _ c	m _ mm _ th	dr _ nk
_ ff _ c _ c _ _ _ s	sc _ r _ d	gr _ t _ f _ l	d _ scr _ _ t
br _ wn	p _ w _ rf _ l	th _ nkf _ l	_ xcl _ s _ v _
h _ ll _ w _ d	l _ _ ng	p _ l _	l _ _ rn _ d
d _ l _ c _ _ _ s	h _ l _ r _ _ _ s	_ nn _ c _ nt	g _ n _ r _ l
_ dh _ s _ v _	b _ ll _ g _ r _ nt	d _ r _ ng _ d	_ b _ rr _ nt
b _ rl _	wr _ ng	d _ f _ _ t _ d	d _ s _ ll _ s _ _ n _ d
_ mm _ ns _	cr _ wd _ d	h _ d _ _ _ s	br _ _ n _
ch _ bb _	bl _ sh _ ng	h _ rsh	t _ _ ths _ m _
cl _ _ n	s _ d	_ nv _ nc _ bl _	c _ lc _ l _ t _ ng
_ ll _ g _ d	f _ rst	l _ v _ l	s _ c _ nd
d _ ff _ r _ nt	_ v _ _ l _ bl _	f _ n _ t _ c _ l	_ nth _ s _ _ st _ c
c _ g _ _	h _ m _ l _ ss	dr _	d _ f _ ct _ v _
_ l _ g _ nt	b _ d	f _ r _ g _ _ ng	b _ t _ -s _ z _ d

p _ w _ rf _ l   f _ rst   s _ l _ ct _ v _   _ d _ _ t _ c

b _ ll _ g _ r _ nt   _ d _ r _ bl _   g _ n _ r _ l   ch _ bb _

_ mm _ ns _   _ r _ m _ t _ c   _ nq _ _ s _ t _ v _   g _ ll _ bl _

gr _ nd _ _ s _   _ dh _ s _ v _   j _ v _ n _ l _   br _ _ n _

b _ r _ d   r _ ght _ _ _ s   n _ b _ l _ _ s   d _ f _ ct _ v _

_ bh _ rr _ nt   m _ t _ r _   d _ f _ _ nt   str _ ng _

gr _ _ ch _   h _ ll _ w _ d   b _ t _ -s _ z _ d   fl _ t

gr _ _ v _   d _ _ r   s _ c _ nd   d _ m _ g _ d

h _ rsh   pr _ _ d   d _ ng _ r _ _ s   _ n _ rg _ t _ c

n _ rm _ l   m _ rk _   b _ d   h _ d _ _ _ s

cl _ _ n   h _ ghf _ l _ t _ n   ch _ v _ lr _ _ s   _ ff _ c _ c _ _ _ s

pl _ _ n   _ n _ rm _ d   _ b _ rr _ nt   b _ rl _

t _ ll _ ng   _ nc _ _ r _ g _ ng   h _ l _ r _ _ _ s   g _ rr _ l _ _ s

d _ ff _ r _ nt   _ nt _ rn _ l   gr _ t _ f _ l   l _ v _ l

_ _ tr _ g _ _ _ s   br _ k _ n   j _ _ _ _ s   cl _ _ d _

m _ j _ st _ c   cr _ _ l   s _ d   _ c _ d

_ m _ z _ ng   _ b _ _ rd   c _ ll _ _ s   d _ r _ ng _ d

_ nn _ c _ nt   l _ _ rn _ d   _ sp _ r _ ng   d _ s _ ll _ s _ _ n _ d

d _ sg _ st _ d   m _ mm _ th   dr _   s _ l _ d

_ xcl _ s _ v _   r _ fl _ ct _ v _   cl _ _ r   s _ mpl _

w _ _ k   s _ dd _ n   sw _ _ t   _ l _ st _ c

d _ l _ ghtf _ l   h _ m _ l _ ss   r _ b _ st   br _ wn

f _ rg _ tf _ l   _ l _ g _ nt   l _ _ ng   f _ sc _ n _ t _ d

c _ g _ _   r _ _ nd   dr _ nk   p _ l _

sk _ llf _ l   c _ mb _ t _ v _   _ bj _ ct   b _ g

wh _ l _   w _ _ t _ ng   c _ _ t _ _ _ s   d _ f _ _ t _ d

p _ w _ rf _ l	c _ lc _ l _ t _ ng	gr _ t _ f _ l	c _ g _ _
sk _ llf _ l	dr _	l _ v _ l	d _ s _ ll _ s _ _ n _ d
_ v _ _ l _ bl _	b _ rl _	fl _ t	f _ sc _ n _ t _ d
cl _ _ n	str _ ng _	wh _ l _	_ b _ _ rd
w _ _ k	br _ k _ n	b _ d	_ d _ _ t _ c
wr _ ng	ch _ bb _	h _ ll _ w _ d	h _ _ d _
h _ m _ l _	j _ _ _ _ s	_ n _ nt _ r _ st _ d	br _ wn
_ nt _ rn _ l	gr _ _ v _	d _ m _ g _ d	s _ l _ d
_ l _ st _ c	r _ m _ nt _ c	n _ _ r	dr _ b
s _ f _	_ n _ rg _ t _ c	b _ g	d _ r _ ng _ d
gr _ nd _ _ s _	q _ _ st _ _ n _ bl _	h _ rsh	s _ c _ nd
pr _ _ d	h _ lt _ ng	cr _ _ l	_ nq _ _ s _ t _ v _
b _ r _ d	b _ t _ -s _ z _ d	h _ d _ _ _ s	th _ nkf _ l
d _ sg _ st _ d	f _ rst	s _ mpl _	ch _ v _ lr _ _ s
cl _ _ d _	d _ ff _ r _ nt	r _ ght _ _ _ s	p _ l _
_ nc _ _ r _ g _ ng	d _ ng _ r _ _ s	n _ rm _ l	r _ b _ st
d _ scr _ _ t	s _ l _ ct _ v _	h _ ghf _ l _ t _ n	_ ff _ c _ c _ _ _ s
sc _ r _ d	c _ _ t _ _ _ s	r _ _ nd	m _ r _
d _ l _ ghtf _ l	sw _ _ t	_ l _ g _ nt	t _ ll _ ng
d _ f _ _ nt	m _ j _ st _ c	ch _ _ rf _ l	m _ mm _ th
j _ v _ n _ l _	_ nth _ s _ _ st _ c	h _ nds _ m _ l _	_ ns _ d _ _ _ s
d _ _ r	d _ f _ _ t _ d	_ mm _ ns _	g _ ll _ bl _
c _ mm _ n	kn _ tt _	s _ cr _ t _ v _	g _ dl _
c _ mpl _ x	h _ l _ r _ _ _ s	_ m _ z _ ng	p _ rf _ ct
n _ tt _	m _ t _ r _	_ bh _ rr _ nt	_ nn _ c _ nt
t _ _ ths _ m _	_ bj _ ct	pl _ _ n	s _ d

n _ b _ l _ _ s	d _ scr _ _ t	_ m _ z _ ng	f _ r _ g _ _ ng
gr _ _ v _	_ l _ st _ c	g _ n _ r _ l	p _ w _ rf _ l
_ nth _ s _ _ st _ c	c _ mm _ n	br _ wn	l _ _ rn _ d
h _ lt _ ng	r _ _ nd	ch _ bb _	sc _ r _ d
d _ f _ _ nt	_ d _ _ t _ c	n _ tt _	_ ll _ g _ d
h _ _ d _	_ n _ nt _ r _ st _ d	d _ m _ g _ d	wh _ l _
_ nx _ _ _ s	h _ ghf _ l _ t _ n	_ nn _ c _ nt	_ n _ rg _ t _ c
r _ m _ nt _ c	_ ff _ c _ c _ _ _ s	ch _ _ rf _ l	h _ nds _ m _
j _ v _ n _ l _	n _ _ r	w _ _ t _ ng	b _ rl _
d _ f _ ct _ v _	_ bs _ rd	f _ n _ t _ c _ l	sk _ llf _ l
str _ ng _	d _ r _ ng _ d	s _ cr _ t _ v _	_ xcl _ s _ v _
c _ g _ _	gr _ _ ch _	g _ rr _ l _ _ s	g _ ll _ bl _
t _ _ ths _ m _	r _ ght _ _ _ s	_ sp _ r _ ng	c _ mpl _ x
_ nt _ rn _ l	cr _ _ l	s _ t _ sf _ _ ng	cl _ _ n
s _ c _ nd	cl _ _ r	_ v _ _ l _ bl _	m _ l _
h _ rsh	m _ t _ r _	dr _ nk	bl _ sh _ ng
d _ ng _ r _ _ s	_ bh _ rr _ nt	s _ l _ ct _ v _	t _ ll _ ng
n _ rm _ l	j _ _ _ _ s	gr _ t _ f _ l	f _ rg _ tf _ l
pr _ _ d	c _ mb _ t _ v _	l _ v _ l	p _ l _
d _ ff _ r _ nt	h _ ll _ w _ d	fl _ t	d _ _ r
m _ mm _ th	_ b _ rr _ nt	r _ b _ st	d _ l _ c _ _ _ s
cl _ _ d _	m _ j _ st _ c	d _ sg _ st _ d	_ c _ d
dr _ b	_ bj _ ct	m _ r _	_ r _ m _ t _ c
w _ _ k	_ gr _ _ _ bl _	_ _ tr _ g _ _ _ s	kn _ tt _
_ n _ rm _ d	b _ st	_ dh _ s _ v _	ch _ v _ lr _ _ s
b _ d	h _ l _ r _ _ _ s	_ n _ m _ t _ d	pl _ _ n

_ sp _ r _ ng	_ d _ _ t _ c	c _ mm _ n	s _ t _ sf _ _ ng
_ m _ z _ ng	d _ f _ ct _ v _	j _ _ _ _ s	bl _ sh _ ng
r _ fl _ ct _ v _	c _ g _ _	_ nc _ _ r _ g _ ng	s _ l _ ct _ v _
h _ nds _ m _	_ l _ g _ nt	gr _ t _ f _ l	_ bj _ ct
s _ dd _ n	d _ m _ g _ d	b _ ll _ g _ r _ nt	b _ g
_ b _ rr _ nt	r _ _ nd	_ l _ st _ c	m _ mm _ th
g _ dl _	ch _ v _ lr _ _ s	_ bs _ rd	b _ r _ d
h _ d _ _ _ s	s _ cr _ t _ v _	br _ wn	h _ ll _ w _ d
d _ _ r	m _ j _ st _ c	g _ rr _ l _ _ s	l _ v _ l
m _ t _ r _	n _ b _ l _ _ s	p _ w _ rf _ l	s _ l _ d
_ nt _ rn _ l	w _ _ t _ ng	c _ mpl _ x	wh _ l _
cr _ _ l	m _ rk _	_ n _ nt _ r _ st _ d	d _ scr _ _ t
b _ mp _	ch _ bb _	cl _ _ n	cl _ _ r
p _ rf _ ct	gr _ _ ch _	r _ b _ st	q _ _ st _ _ n _ bl _
_ gr _ _ _ bl _	_ r _ m _ t _ c	b _ t _ -s _ z _ d	kn _ tt _
h _ ght _ l _ t _ n	_ nq _ _ s _ t _ v _	cl _ _ d _	c _ ll _ _ s
d _ ff _ r _ nt	s _ f _	_ n _ rm _ d	_ b _ _ rd
d _ l _ ghtf _ l	c _ lc _ l _ t _ ng	j _ v _ n _ l _	d _ f _ _ t _ d
d _ sg _ st _ d	sw _ _ t	wr _ ng	_ nv _ nc _ bl _
t _ _ ths _ m _	_ ll _ g _ d	d _ r _ ng _ d	br _ k _ n
_ n _ rg _ t _ c	f _ rst	m _ r _	gr _ _ v _
th _ nkf _ l	_ r _ ct	sc _ r _ d	b _ st
g _ ll _ bl _	f _ n _ t _ c _ l	f _ r _ g _ _ ng	h _ l _ r _ _ _ s
_ nx _ _ _ s	_ c _ d	b _ d	dr _ b
f _ sc _ n _ t _ d	cr _ wd _ d	_ ns _ d _ _ _ s	_ ff _ c _ c _ _ _ s
r _ ght _ _ _ s	h _ m _ l _ ss	_ d _ r _ bl _	r _ m _ nt _ c

cr _ wd _ d	s _ d	w _ _ t _ ng	_ dh _ s _ v _
w _ _ k	c _ _ t _ _ _ s	wr _ ng	gr _ _ v _
_ ns _ d _ _ _ s	b _ g	_ nx _ _ _ s	s _ t _ sf _ _ ng
c _ mb _ t _ v _	r _ b _ st	_ bh _ rr _ nt	b _ t _ -s _ z _ d
d _ sg _ st _ d	_ l _ st _ c	n _ _ r	n _ tt _
_ nth _ s _ _ st _ c	c _ mm _ n	br _ _ n _	g _ rr _ l _ _ s
h _ ll _ w _ d	_ nq _ _ s _ t _ v _	g _ ll _ bl _	p _ l _
c _ mpl _ x	cl _ _ r	ch _ bb _	dr _
h _ m _ l _ ss	dr _ b	sw _ _ t	cr _ _ l
_ r _ ct	m _ t _ r _	th _ nkf _ l	s _ cr _ t _ v _
_ nt _ rn _ l	f _ rg _ tf _ l	p _ w _ rf _ l	m _ rk _
kn _ tt _	l _ _ rn _ d	_ sp _ r _ ng	l _ _ ng
d _ _ r	pr _ _ d	cl _ _ n	b _ r _ d
b _ rl _	h _ _ d _	d _ f _ ct _ v _	wh _ l _
gr _ _ ch _	d _ s _ ll _ s _ _ n _ d	b _ mp _	_ b _ _ rd
d _ f _ _ t _ d	_ n _ m _ t _ d	h _ nds _ m _ l _	_ l _ g _ nt
cl _ _ d _	h _ l _ r _ _ _ s	h _ ghf _ l _ t _ n	d _ r _ ng _ d
c _ g _ _	_ m _ z _ ng	g _ n _ r _ l	f _ rst
h _ lt _ ng	fl _ t	_ nv _ nc _ bl _	br _ k _ n
bl _ sh _ ng	_ n _ rg _ t _ c	s _ l _ ct _ v _	b _ st
_ n _ rm _ d	s _ f _	ch _ _ rf _ l	p _ rf _ ct
r _ _ nd	d _ f _ _ nt	m _ mm _ th	pl _ _ n
f _ sc _ n _ t _ d	m _ l _	sc _ r _ d	h _ m _ l _
b _ ll _ g _ r _ nt	t _ ll _ ng	d _ ff _ r _ nt	_ xcl _ s _ v _
h _ d _ _ _ s	_ mm _ ns _	d _ l _ ghtf _ l	_ _ tr _ g _ _ _ s
s _ l _ d	s _ dd _ n	b _ d	_ bj _ ct

th _ nkf _ l	l _ v _ l	g _ rr _ l _ _ s	c _ g _ _
f _ sc _ n _ t _ d	b _ d	s _ l _ d	br _ wn
d _ ff _ r _ nt	_ d _ _ t _ c	m _ r _	f _ n _ t _ c _ l
_ m _ z _ ng	r _ ght _ _ _ s	b _ g	t _ ll _ ng
_ mm _ ns _	cl _ _ r	_ n _ m _ t _ d	gr _ _ ch _
_ nt _ rt _ _ n _ ng	m _ j _ st _ c	gr _ _ v _	sw _ _ t
s _ f _	_ sp _ r _ ng	g _ n _ r _ l	h _ d _ _ _ s
n _ b _ l _ _ s	_ n _ nt _ r _ st _ d	_ bj _ ct	n _ _ r
_ gr _ _ _ bl _	b _ st	p _ w _ rf _ l	_ bh _ rr _ nt
d _ l _ c _ _ _ s	q _ _ st _ _ n _ bl _	h _ _ d _	_ c _ d
sk _ llf _ l	ch _ _ rf _ l	_ nt _ rn _ l	h _ nds _ m _ l _
cl _ _ d _	sc _ r _ d	w _ _ k	m _ mm _ th
s _ cr _ t _ v _	c _ mm _ n	w _ _ t _ ng	_ b _ _ rd
m _ l _	gr _ t _ f _ l	f _ r _ g _ _ ng	ch _ bb _
f _ rst	ch _ ldl _ k _	br _ k _ n	j _ v _ n _ l _
bl _ sh _ ng	_ dh _ s _ v _	d _ l _ ghtf _ l	s _ dd _ n
h _ lt _ ng	h _ ghf _ l _ t _ n	_ n _ rm _ d	b _ z _ rr _
pr _ _ d	_ bs _ rd	r _ m _ nt _ c	g _ ll _ bl _
_ nq _ _ s _ t _ v _	_ v _ _ l _ bl _	_ l _ g _ nt	b _ ll _ g _ r _ nt
kn _ tt _	_ nth _ s _ _ st _ c	f _ rg _ tf _ l	_ r _ ct
dr _ b	_ n _ rg _ t _ c	d _ _ r	_ ns _ d _ _ _ s
h _ rsh	_ nn _ c _ nt	h _ l _ r _ _ _ s	_ xcl _ s _ v _
r _ b _ st	d _ m _ g _ d	wh _ l _	wr _ ng
_ b _ rr _ nt	c _ lc _ l _ t _ ng	s _ mpl _	h _ nds _ m _
b _ r _ d	cr _ wd _ d	dr _	r _ _ nd
_ d _ r _ bl _	cl _ _ n	s _ c _ nd	_ c _

_ b _ rr _ nt   gr _ _ ch _   _ ll _ g _ d   _ n _ m _ t _ d

_ ns _ d _ _ _ s   b _ mp _   wr _ ng   c _ g _ _

_ _ tr _ g _ _ _ s   t _ _ ths _ m _   _ xcl _ s _ v _   str _ ng _

cr _ _ l   l _ v _ l   _ nv _ nc _ bl _   m _ mm _ th

kn _ tt _   _ d _ r _ bl _   sw _ _ t   s _ mpl _

h _ lt _ ng   sc _ r _ d   br _ _ n _   n _ tt _

pr _ _ d   s _ c _ nd   b _ ll _ g _ r _ nt   f _ sc _ n _ t _ d

_ sp _ r _ ng   b _ st   g _ dl _   _ r _ m _ t _ c

f _ n _ t _ c _ l   d _ m _ g _ d   b _ r _ d   b _ d

br _ wn   d _ ff _ r _ nt   s _ f _   _ nx _ _ _ s

h _ l _ r _ _ _ s   h _ ghf _ l _ t _ n   _ bj _ ct   t _ ll _ ng

dr _ b   w _ _ k   d _ r _ ng _ d   g _ n _ r _ l

_ dh _ s _ v _   c _ mpl _ x   _ n _ rg _ t _ c   d _ scr _ _ t

_ l _ g _ nt   l _ _ rn _ d   f _ rst   p _ l _

g _ rr _ l _ _ s   h _ m _ l _   cl _ _ n   s _ cr _ t _ v _

ch _ _ rf _ l   h _ nds _ m _   p _ rf _ ct   h _ _ d _

h _ rsh   j _ v _ n _ l _   _ ff _ c _ c _ _ _ s   b _ t _ -s _ z _ d

d _ f _ _ t _ d   d _ l _ ghtf _ l   c _ mm _ n   d _ s _ ll _ s _ _ n _ d

ch _ v _ lr _ _ s   l _ _ ng   cr _ wd _ d   m _ l _

p _ w _ rf _ l   n _ _ r   _ nq _ _ s _ t _ v _   _ m _ z _ ng

sk _ llf _ l   th _ nkf _ l   f _ r _ g _ _ ng   dr _ nk

_ n _ nt _ r _ st _ d   _ bh _ rr _ nt   fl _ t   ch _ bb _

_ nt _ rn _ l   _ mm _ ns _   g _ ll _ bl _   _ r _ ct

cl _ _ d _   m _ t _ r _   _ bs _ rd   s _ l _ d

j _ _ _ _ s   c _ _ t _ _ _ s   b _ g   _ nc _ _ r _ g _ ng

d _ f _ _ nt   _ gr _ _ _ bl _   br _ k _ n   _ c _ d

_ bh _ rr _ nt	s _ cr _ t _ v _	_ _ tr _ g _ _ _ s	s _ f _
cl _ _ n	n _ rm _ l	s _ mpl _	_ n _ rg _ t _ c
_ ns _ d _ _ _ s	p _ rf _ ct	h _ rsh	h _ _ d _
r _ ght _ _ _ s	b _ r _ d	c _ mm _ n	m _ t _ r _
_ n _ m _ t _ d	dr _ nk	n _ _ r	f _ rst
_ l _ g _ nt	h _ nds _ m _ l _	_ gr _ _ _ bl _	l _ v _ l
gr _ t _ f _ l	br _ _ n _	pl _ _ n	m _ l _
sw _ _ t	_ m _ z _ ng	dr _ b	_ b _ _ rd
h _ nds _ m _	f _ rg _ tf _ l	_ mm _ ns _	_ nq _ _ s _ t _ v _
_ nn _ c _ nt	d _ f _ ct _ v _	d _ l _ ghtf _ l	b _ t _ -s _ z _ d
r _ b _ st	wh _ l _	r _ fl _ ct _ v _	_ nx _ _ _ s
ch _ v _ lr _ _ s	g _ n _ r _ l	t _ ll _ ng	m _ mm _ th
sk _ llf _ l	h _ ll _ w _ d	th _ nkf _ l	cr _ _ l
g _ dl _	b _ st	_ r _ m _ t _ c	h _ m _ l _ ss
b _ rl _	kn _ tt _	h _ d _ _ _ s	_ v _ _ l _ bl _
g _ rr _ l _ _ s	d _ _ r	cr _ wd _ d	_ sp _ r _ ng
br _ wn	_ d _ r _ bl _	_ ll _ g _ d	s _ d
_ l _ st _ c	_ bj _ ct	s _ dd _ n	d _ scr _ _ t
m _ r _	_ d _ _ t _ c	d _ ng _ r _ _ s	_ r _ ct
w _ _ k	p _ w _ rf _ l	ch _ bb _	c _ _ t _ _ _ s
cl _ _ r	gr _ _ ch _	d _ f _ _ t _ d	d _ r _ ng _ d
str _ ng _	b _ mp _	dr _	br _ k _ n
p _ l _	h _ l _ r _ _ _ s	h _ lt _ ng	_ b _ rr _ nt
n _ b _ l _ _ s	_ nv _ nc _ bl _	_ nc _ _ r _ g _ ng	d _ s _ ll _ s _ _ n _ d
gr _ _ v _	c _ mb _ t _ v _	s _ l _ d	l _ _ rn _ d
c _ lc _ l _ t _ ng	w _ _ t _ ng	_ nt _ rn _ l	c _ mpl _ x

g _ ll _ bl _	s _ d	h _ ghf _ l _ t _ n	s _ f _
h _ m _ l _	f _ rg _ tf _ l	sk _ llf _ l	g _ dl _
c _ ll _ _ s	w _ _ k	_ b _ rr _ nt	h _ ll _ w _ d
_ b _ _ rd	dr _ b	bl _ sh _ ng	_ bj _ ct
_ d _ r _ bl _	h _ m _ l _ ss	_ nq _ _ s _ t _ v _	m _ mm _ th
h _ nds _ m _	_ mm _ ns _	p _ rf _ ct	wh _ l _
q _ _ st _ _ n _ bl _	w _ _ t _ ng	_ d _ _ t _ c	s _ l _ ct _ v _
d _ f _ _ nt	_ nth _ s _ _ st _ c	l _ _ ng	s _ l _ d
d _ f _ ct _ v _	h _ d _ _ _ s	str _ ng _	b _ mp _
br _ wn	c _ _ t _ _ _ s	b _ r _ d	n _ tt _
h _ _ d _	dr _ nk	_ nx _ _ _ s	_ c _ d
_ m _ z _ ng	_ n _ rm _ d	r _ m _ nt _ c	c _ mm _ n
b _ st	g _ n _ r _ l	b _ t _ -s _ z _ d	d _ ff _ r _ nt
m _ j _ st _ c	d _ ng _ r _ _ s	t _ _ ths _ m _	d _ m _ g _ d
sc _ r _ d	ch _ bb _	h _ rsh	_ _ tr _ g _ _ _ s
_ sp _ r _ ng	_ n _ rg _ t _ c	gr _ _ v _	f _ sc _ n _ t _ d
s _ c _ nd	n _ b _ l _ _ s	_ r _ ct	g _ rr _ l _ _ s
m _ r _	_ nt _ rn _ l	pr _ _ d	n _ rm _ l
h _ lt _ ng	cl _ _ n	r _ ght _ _ _ s	_ ff _ c _ c _ _ _ s
wr _ ng	c _ mb _ t _ v _	b _ g	dr _
_ n _ nt _ r _ st _ d	_ l _ g _ nt	_ nc _ _ r _ g _ ng	gr _ nd _ _ s _
l _ _ rn _ d	f _ rst	c _ lc _ l _ t _ ng	_ bh _ rr _ nt
d _ s _ ll _ s _ _ n _ d	c _ g _ _	br _ k _ n	fl _ t
_ dh _ s _ v _	d _ l _ ghtf _ l	t _ ll _ ng	s _ cr _ t _ v _
_ xcl _ s _ v _	gr _ _ ch _	gr _ t _ f _ l	m _ l _
s _ t _ sf _ _ ng	_ ns _ d _ _ _ s	h _ l _ r _ _ _ s	n _ _ r

_ sp _ r _ ng	w _ _ t _ ng	gr _ _ v _	ch _ v _ lr _ _ s
f _ rg _ tf _ l	w _ _ k	s _ f _	pr _ _ d
dr _	b _ r _ d	h _ m _ l _	n _ _ r
_ nq _ _ s _ t _ v _	b _ st	m _ r _	j _ v _ n _ l _
_ _ tr _ g _ _ _ s	t _ ll _ ng	s _ dd _ n	p _ rf _ ct
h _ l _ r _ _ _ s	r _ ght _ _ _ s	ch _ _ rf _ l	fl _ t
l _ v _ l	h _ rsh	d _ scr _ _ t	_ d _ _ t _ c
t _ _ ths _ m _	pl _ _ n	_ n _ rm _ d	d _ _ r
r _ fl _ ct _ v _	d _ m _ g _ d	sw _ _ t	cl _ _ d _
_ mm _ ns _	r _ m _ nt _ c	h _ _ d _	m _ rk _
ch _ bb _	cr _ _ l	wh _ l _	s _ d
h _ nds _ m _	f _ n _ t _ c _ l	b _ ll _ g _ r _ nt	n _ rm _ l
j _ _ _ _ s	sk _ llf _ l	_ bj _ ct	_ nc _ _ r _ g _ ng
c _ mb _ t _ v _	s _ mpl _	br _ wn	cr _ wd _ d
c _ mpl _ x	f _ r _ g _ _ ng	_ b _ rr _ nt	_ n _ m _ t _ d
g _ n _ r _ l	c _ lc _ l _ t _ ng	s _ t _ sf _ _ ng	f _ rst
_ v _ _ l _ bl _	_ c _ d	_ r _ m _ t _ c	d _ f _ ct _ v _
g _ dl _	m _ j _ st _ c	d _ l _ ghtf _ l	s _ cr _ t _ v _
b _ rl _	dr _ nk	c _ _ t _ _ _ s	_ nt _ rn _ l
br _ k _ n	f _ sc _ n _ t _ d	_ ll _ g _ d	_ m _ z _ ng
_ nx _ _ _ s	h _ d _ _ _ s	_ ff _ c _ c _ _ _ s	kn _ tt _
_ nv _ nc _ bl _	h _ m _ l _ ss	h _ ll _ w _ d	_ n _ rg _ t _ c
g _ ll _ bl _	_ gr _ _ _ bl _	wr _ ng	cl _ _ r
gr _ _ ch _	d _ ff _ r _ nt	g _ rr _ l _ _ s	h _ nds _ m _ l _
b _ t _ -s _ z _ d	cl _ _ n	_ b _ _ rd	d _ r _ ng _ d
l _ _ ng	b _ g	gr _ nd _ _ s _	d _ f _ _ t _ d

t _ _ ths _ m _	l _ _ rn _ d	_ v _ _ l _ bl _	h _ m _ l _
_ nn _ c _ nt	r _ _ nd	l _ v _ l	n _ rm _ l
_ l _ st _ c	cl _ _ n	sk _ llf _ l	c _ mb _ t _ v _
_ n _ nt _ r _ st _ d	c _ g _ _	d _ ff _ r _ nt	s _ l _ ct _ v _
cl _ _ d _	_ nc _ _ r _ g _ ng	l _ _ ng	m _ rk _
t _ ll _ ng	d _ sg _ st _ d	g _ ll _ bl _	g _ n _ r _ l
bl _ sh _ ng	gr _ _ ch _	h _ rsh	c _ ll _ _ s
_ dh _ s _ v _	d _ ng _ r _ _ s	s _ c _ nd	r _ ght _ _ _ s
_ n _ m _ t _ d	br _ k _ n	_ xcl _ s _ v _	sw _ _ t
r _ fl _ ct _ v _	_ r _ ct	m _ r _	d _ scr _ _ t
c _ mm _ n	p _ w _ rf _ l	s _ t _ sf _ _ ng	_ b _ _ rd
dr _	_ sp _ r _ ng	_ c _ d	s _ f _
_ ns _ d _ _ _ s	_ nth _ s _ _ st _ c	r _ m _ nt _ c	s _ l _ d
m _ t _ r _	h _ nds _ m _	s _ mpl _	b _ r _ d
_ n _ rm _ d	wh _ l _	_ d _ r _ bl _	h _ d _ _ _ s
wr _ ng	s _ cr _ t _ v _	p _ rf _ ct	_ nq _ _ s _ t _ v _
d _ _ r	b _ mp _	h _ l _ r _ _ _ s	b _ rl _
g _ rr _ l _ _ s	f _ sc _ n _ t _ d	_ nx _ _ _ s	h _ m _ l _ ss
_ gr _ _ _ bl _	_ nv _ nc _ bl _	d _ f _ _ t _ d	_ ff _ c _ c _ _ _ s
b _ ll _ g _ r _ nt	j _ _ _ _ s	h _ ghf _ l _ t _ n	str _ ng _
b _ d	_ bh _ rr _ nt	gr _ t _ f _ l	m _ mm _ th
_ _ tr _ g _ _ _ s	s _ d	d _ s _ ll _ s _ _ n _ d	c _ _ t _ _ _ s
f _ rg _ tf _ l	_ mm _ ns _	dr _ b	_ r _ m _ t _ c
b _ st	sc _ r _ d	_ n _ rg _ t _ c	d _ r _ ng _ d
dr _ nk	c _ mpl _ x	d _ f _ _ nt	h _ lt _ ng
fl _ t	br _ wn	j _ v _ n _ l _	n _ _ r

wh _ l _	l _ _ rn _ d	_ ns _ d _ _ _ s	s _ t _ sf _ _ ng
gr _ t _ f _ l	_ d _ _ t _ c	l _ v _ l	g _ rr _ l _ _ s
str _ ng _	d _ ng _ r _ _ s	cl _ _ d _	h _ ll _ w _ d
r _ m _ nt _ c	br _ _ n _	th _ nkf _ l	cr _ _ l
h _ lt _ ng	j _ _ _ _ s	d _ r _ ng _ d	c _ _ t _ _ _ s
g _ dl _	_ l _ g _ nt	br _ wn	_ xcl _ s _ v _
sc _ r _ d	_ c _ d	h _ nds _ m _	_ r _ m _ t _ c
gr _ _ ch _	m _ j _ st _ c	_ nth _ s _ _ st _ c	_ n _ rm _ d
l _ _ ng	h _ nds _ m _ l _	d _ f _ _ nt	d _ _ r
n _ rm _ l	cl _ _ r	b _ st	h _ l _ r _ _ _ s
p _ w _ rf _ l	f _ r _ g _ _ ng	h _ m _ l _	_ b _ _ rd
_ r _ ct	c _ lc _ l _ t _ ng	br _ k _ n	s _ c _ nd
_ m _ z _ ng	_ b _ rr _ nt	d _ ff _ r _ nt	sk _ llf _ l
b _ z _ rr _	b _ r _ d	wr _ ng	h _ d _ _ _ s
n _ b _ l _ _ s	d _ m _ g _ d	sw _ _ t	d _ f _ ct _ v _
c _ mb _ t _ v _	fl _ t	d _ l _ ghtf _ l	r _ fl _ ct _ v _
p _ rf _ ct	c _ mm _ n	cl _ _ n	f _ sc _ n _ t _ d
gr _ nd _ _ s _	r _ b _ st	q _ _ st _ _ n _ bl _	_ bj _ ct
d _ scr _ _ t	pr _ _ d	t _ ll _ ng	_ nx _ _ _ s
ch _ bb _	dr _ b	_ n _ m _ t _ d	ch _ _ rf _ l
w _ _ t _ ng	_ bs _ rd	s _ mpl _	s _ l _ d
_ ff _ c _ c _ _ _ s	b _ t _ -s _ z _ d	j _ v _ n _ l _	_ gr _ _ _ bl _
g _ n _ r _ l	_ l _ st _ c	f _ rg _ tf _ l	_ ll _ g _ d
h _ ghf _ l _ t _ n	g _ ll _ bl _	r _ ght _ _ _ s	r _ _ nd
w _ _ k	s _ cr _ t _ v _	_ v _ _ l _ bl _	m _ rk _
_ nc _ _ r _ g _ ng	n _ _ r	p _ l _	d _ s _ ll _ s _ _ n _ d

cr _ _ l   _ n _ nt _ r _ st _ d   t _ _ ths _ m _   j _ v _ n _ l _

b _ ll _ g _ r _ nt   dr _ nk   g _ rr _ l _ _ s   n _ b _ l _ _ s

b _ g   q _ _ st _ _ n _ bl _   s _ l _ d   b _ st

b _ r _ d   dr _ b   d _ _ r   pr _ _ d

w _ _ t _ ng   gr _ _ v _   _ m _ z _ ng   c _ mpl _ x

_ v _ _ l _ bl _ t _ ll _ ng   _ c _ d   r _ _ nd

c _ mm _ n   h _ ll _ w _ d   _ nq _ _ s _ t _ v _   _ sp _ r _ ng

_ nn _ c _ nt   d _ s _ ll _ s _ _ n _ d   h _ nds _ m _   h _ m _ l _ ss

_ nx _ _ _ s   g _ ll _ bl _   n _ rm _ l   _ nth _ s _ _ st _ c

pl _ _ n   p _ l _   l _ _ ng   c _ mb _ t _ v _

w _ _ k   d _ f _ ct _ v _   s _ d   b _ d

_ bj _ ct   d _ r _ ng _ d   sc _ r _ d   h _ d _ _ _ s

wr _ ng   s _ dd _ n   _ l _ st _ c   ch _ v _ lr _ _ s

m _ l _   m _ r _   n _ tt _   _ ff _ c _ c _ _ _ s

d _ m _ g _ d   cl _ _ r   c _ _ t _ _ _ s   b _ t _ -s _ z _ d

fl _ t   h _ nds _ m _ l _   f _ sc _ n _ t _ d   wh _ l _

h _ m _ l _   _ n _ rg _ t _ c   _ r _ m _ t _ c   h _ ghf _ l _ t _ n

m _ rk _   kn _ tt _   s _ cr _ t _ v _   _ xcl _ s _ v _

r _ m _ nt _ c   ch _ bb _   _ n _ m _ t _ d   cl _ _ n

_ _ tr _ g _ _ _ s   gr _ nd _ _ s _   _ nc _ _ r _ g _ ng   gr _ _ ch _

l _ v _ l   br _ k _ n   s _ f _   gr _ t _ f _ l

_ b _ rr _ nt   d _ f _ _ nt   _ d _ r _ bl _   d _ ng _ r _ _ s

_ n _ rm _ d   s _ c _ nd   _ nt _ rn _ l   _ dh _ s _ v _

_ l _ g _ nt   g _ dl _   d _ ff _ r _ nt   n _ _ r

d _ l _ ghtf _ l sk _ llf _ l   h _ rsh   f _ rg _ tf _ l

p _ w _ rf _ l   dr _   c _ g _ _   br _ _ n _ m _ mm _ th   cr _ wd _ d   _ bh _ rr _ nt   _ m _ z _ ng

m _ j _ st _ c   s _ mpl _   _ n _ rm _ d   cl _ _ d _

r _ ght _ _ _ s   sk _ llf _ l   p _ rf _ ct   c _ g _ _

c _ lc _ l _ t _ ng   n _ b _ l _ _ s   wh _ l _   _ xcl _ s _ v _

b _ mp _   gr _ nd _ _ s _   b _ ll _ g _ r _ nt   b _ r _ d

f _ n _ t _ c _ l   q _ _ st _ _ n _ bl _   _ bs _ rd   f _ sc _ n _ t _ d

pr _ _ d   d _ m _ g _ d   r _ b _ st   wr _ ng

d _ sg _ st _ d   pl _ _ n   p _ w _ rf _ l   n _ tt _

_ nn _ c _ nt   n _ _ r   sw _ _ t   h _ d _ _ _ s

dr _ b   gr _ t _ f _ l   m _ l _   _ sp _ r _ ng

br _ wn   d _ ng _ r _ _ s   _ gr _ _ _ bl _   t _ _ ths _ m _

cl _ _ n   h _ lt _ ng   h _ m _ l _   br _ k _ n

_ b _ rr _ nt   gr _ _ ch _   j _ _ _ _ s   b _ rl _

_ r _ ct   dr _   d _ scr _ _ t   _ b _ _ rd

w _ _ k   g _ ll _ bl _   h _ rsh   m _ rk _

_ nt _ rn _ l   _ nv _ nc _ bl _   _ ns _ d _ _ _ s   _ v _ _ l _ bl _

_ dh _ s _ v _   b _ g   cl _ _ r   c _ mb _ t _ v _

_ d _ _ t _ c   d _ f _ ct _ v _   c _ mm _ n   _ nx _ _ _ s

h _ nds _ m _   c _ mpl _ x   h _ l _ r _ _ _ s   _ nth _ s _ _ st _ c

l _ _ rn _ d   g _ n _ r _ l   _ _ tr _ g _ _ _ s   _ ll _ g _ d

h _ nds _ m _ l _   cr _ _ l   d _ f _ _ nt   d _ l _ c _ _ _ s

l _ v _ l   _ n _ rg _ t _ c   w _ _ t _ ng   f _ rst

gr _ _ v _   _ nq _ _ s _ t _ v _   s _ t _ sf _ _ ng   d _ _ r

m _ r _   ch _ v _ lr _ _ s   r _ m _ nt _ c   _ bj _ ct

l _ _ ng   d _ f _ _ t _ d   b _ z _ rr _   c _ ll _ _ s

kn _ tt _   h _ ll _ w _ d   h _ ghf _ l _ t _ n   n _ rm _ l

_ d _ r _ bl _	p _ w _ rf _ l	b _ rl _	_ xcl _ s _ v _
b _ r _ d	b _ t _ -s _ z _ d	h _ _ d _	h _ nds _ m _ l _
f _ rg _ tf _ l	ch _ bb _	f _ sc _ n _ t _ d	b _ st
_ bs _ rd	h _ rsh	c _ g _ _	h _ ll _ w _ d
s _ l _ ct _ v _	th _ nkf _ l	dr _	d _ f _ _ t _ d
_ n _ nt _ r _ st _ d	b _ d	f _ n _ t _ c _ l	_ n _ rm _ d
_ nt _ rn _ l	d _ s _ ll _ s _ _ n _ d	fl _ t	c _ lc _ l _ t _ ng
h _ l _ r _ _ _ s	d _ l _ c _ _ _ s	pl _ _ n	_ nq _ _ s _ t _ v _
_ ff _ c _ c _ _ _ s	m _ t _ r _	s _ mpl _	kn _ tt _
g _ dl _	br _ k _ n	cl _ _ d _	m _ j _ st _ c
m _ mm _ th	br _ _ n _	n _ tt _	gr _ _ v _
c _ mpl _ x	_ _ tr _ g _ _ _ s	l _ _ ng	h _ m _ l _
m _ l _	h _ lt _ ng	n _ b _ l _ _ s	h _ nds _ m _
f _ rst	wr _ ng	s _ f _	_ m _ z _ ng
bl _ sh _ ng	b _ g	r _ m _ nt _ c	s _ l _ d
_ nx _ _ _ s	_ dh _ s _ v _	_ r _ ct	c _ _ t _ _ _ s
l _ v _ l	g _ ll _ bl _	p _ rf _ ct	sc _ r _ d
c _ mb _ t _ v _	ch _ v _ lr _ _ s	d _ m _ g _ d	n _ rm _ l
d _ ng _ r _ _ s	h _ ghf _ l _ t _ n	gr _ _ ch _	r _ ght _ _ _ s
cr _ wd _ d	wh _ l _	s _ c _ nd	g _ n _ r _ l
m _ rk _	c _ mm _ n	_ ll _ g _ d	dr _ b
d _ scr _ _ t	br _ wn	d _ f _ ct _ v _	c _ ll _ _ s
pr _ _ d	_ nn _ c _ nt	d _ ff _ r _ nt	r _ fl _ ct _ v _
t _ ll _ ng	gr _ t _ f _ l	str _ ng _	w _ _ k
_ c _ d	d _ r _ ng _ d	_ r _ m _ t _ c	j _ v _ n _ l _
n _ _ r	_ bj _ ct	cr _ _ l	_ mm _ ns _

d _ r _ ng _ d	p _ w _ rf _ l	ch _ bb _	s _ f _
p _ l _	wh _ l _	sc _ r _ d	_ m _ z _ ng
r _ m _ nt _ c	b _ ll _ g _ r _ nt	cr _ _ l	_ ll _ g _ d
_ nv _ nc _ bl _	b _ rl _	_ nn _ c _ nt	d _ l _ ghtf _ l
_ n _ rm _ d	d _ _ r	l _ v _ l	c _ mpl _ x
b _ st	t _ _ ths _ m _	d _ ff _ r _ nt	_ nq _ _ s _ t _ v _
ch _ _ rf _ l	h _ l _ r _ _ _ s	_ b _ _ rd	d _ ng _ r _ _ s
l _ _ rn _ d	m _ r _	_ bs _ rd	s _ cr _ t _ v _
_ dh _ s _ v _	n _ rm _ l	_ mm _ ns _	c _ ll _ _ s
w _ _ k	ch _ v _ lr _ _ s	h _ nds _ m _	_ n _ nt _ r _ st _ d
g _ ll _ bl _	s _ t _ sf _ _ ng	d _ scr _ _ t	t _ ll _ ng
h _ ll _ w _ d	pr _ _ d	gr _ _ v _	br _ wn
fl _ t	_ l _ st _ c	h _ d _ _ _ s	cl _ _ d _
d _ m _ g _ d	n _ _ r	th _ nkf _ l	m _ j _ st _ c
_ nth _ s _ _ st _ c	_ bj _ ct	c _ g _ _	b _ g
n _ tt _	cl _ _ n	w _ _ t _ ng	b _ r _ d
h _ rsh	l _ _ ng	m _ l _	h _ ghf _ l _ t _ n
h _ nds _ m _ l _	_ c _ d	g _ n _ r _ l	d _ s _ ll _ s _ _ n _ d
_ bh _ rr _ nt	b _ mp _	_ n _ m _ t _ d	d _ sg _ st _ d
m _ t _ r _	br _ _ n _	bl _ sh _ ng	str _ ng _
b _ t _ -s _ z _ d	_ v _ _ l _ bl _	r _ ght _ _ _ s	r _ b _ st
g _ rr _ l _ _ s	h _ m _ l _	c _ lc _ l _ t _ ng	r _ fl _ ct _ v _
s _ l _ d	s _ mpl _	q _ _ st _ _ n _ bl _	s _ c _ nd
cr _ wd _ d	_ r _ m _ t _ c	j _ _ _ _ s	f _ sc _ n _ t _ d
s _ d	sk _ llf _ l	f _ rst	gr _ nd _ _ s _
c _ mb _ t _ v _	c _ _ t _ _ _ s	pl _ _ n	gr _ _ ch _

_ nv _ nc _ bl _	ch _ v _ lr _ _ s	_ sp _ r _ ng	d _ l _ c _ _ _ s
m _ r _	m _ l _	_ n _ rg _ t _ c	_ nx _ _ _ s
d _ ff _ r _ nt	sk _ llf _ l	_ n _ rm _ d	cl _ _ n
_ l _ g _ nt	_ xcl _ s _ v _	wh _ l _	f _ rst
cl _ _ d _	d _ f _ _ t _ d	_ nth _ s _ _ st _ c	_ nq _ _ s _ t _ v _
cl _ _ r	h _ lt _ ng	_ n _ nt _ r _ st _ d	_ bj _ ct
p _ rf _ ct	l _ v _ l	br _ k _ n	_ l _ st _ c
d _ m _ g _ d	n _ tt _	gr _ _ v _	_ _ tr _ g _ _ _ s
h _ nds _ m _	b _ t _ -s _ z _ d	gr _ _ ch _	l _ _ rn _ d
p _ w _ rf _ l	_ bs _ rd	m _ mm _ th	_ gr _ _ _ bl _
d _ sg _ st _ d	d _ scr _ _ t	l _ _ ng	m _ j _ st _ c
b _ ll _ g _ r _ nt	h _ _ d _	j _ v _ n _ l _	sw _ _ t
_ d _ _ t _ c	c _ lc _ l _ t _ ng	n _ rm _ l	dr _
_ nc _ _ r _ g _ ng	_ b _ _ rd	_ ff _ c _ c _ _ _ s	g _ dl _
_ m _ z _ ng	f _ r _ g _ _ ng	cr _ wd _ d	b _ r _ d
br _ _ n _	b _ stl _ ng	r _ fl _ ct _ v _	_ r _ ct
_ d _ r _ bl _	d _ l _ ghtf _ l	h _ nds _ m _ l _	s _ t _ sf _ _ ng
h _ ll _ w _ d	j _ _ _ _ s	pl _ _ n	d _ ng _ r _ _ s
d _ f _ ct _ v _	q _ _ st _ _ n _ bl _	dr _ b	b _ d
c _ g _ _	n _ _ r	ch _ _ rf _ l	pr _ _ d
_ c _ d	d _ s _ ll _ s _ _ n _ d	g _ n _ r _ l	h _ rsh
t _ ll _ ng	wr _ ng	h _ ghf _ l _ t _ n	s _ dd _ n
c _ mpl _ x	f _ sc _ n _ t _ d	d _ r _ ng _ d	g _ ll _ bl _
str _ ng _	d _ f _ _ nt	s _ l _ d	br _ wn
d _ _ r	ch _ bb _	_ ll _ g _ d	s _ l _ ct _ v _
f _ rg _ tf _ l	h _ m _ l _ ss	h _ d _ _ _ s	n _ b _ l _ _ s

b _ d	b _ rl _	r _ fl _ ct _ v _	ch _ bb _
c _ lc _ l _ t _ ng	d _ f _ ct _ v _	d _ ng _ r _ _ s	c _ _ t _ _ _ s
_ n _ rm _ d	th _ nkf _ l	b _ st	d _ scr _ _ t
ch _ v _ lr _ _ s	gr _ _ v _	_ l _ g _ nt	ch _ _ rf _ l
_ sp _ r _ ng	d _ s _ ll _ s _ _ n _ d	t _ _ ths _ m _	j _ v _ n _ l _
cr _ _ l	g _ ll _ bl _	m _ t _ r _	_ nt _ rn _ l
c _ mm _ n	br _ k _ n	_ nc _ _ r _ g _ ng	gr _ nd _ _ s _
h _ d _ _ _ s	s _ f _	m _ j _ st _ c	_ xcl _ s _ v _
s _ l _ d	h _ nds _ m _	dr _ nk	_ n _ nt _ r _ st _ d
_ b _ rr _ nt	dr _	_ nx _ _ _ s	s _ l _ ct _ v _
m _ r _	_ nv _ nc _ bl _	l _ _ rn _ d	_ c _ d
h _ rsh	m _ mm _ th	r _ _ nd	j _ _ _ _ s
f _ rst	w _ _ t _ ng	n _ _ r	f _ sc _ n _ t _ d
l _ v _ l	g _ rr _ l _ _ s	b _ mp _	h _ ghf _ l _ t _ n
sc _ r _ d	_ r _ ct	d _ f _ _ t _ d	gr _ _ ch _
cr _ wd _ d	t _ ll _ ng	_ b _ _ rd	s _ cr _ t _ v _
cl _ _ d _	h _ ll _ w _ d	d _ _ r	p _ l _
_ mm _ ns _	_ m _ z _ ng	m _ l _	c _ mpl _ x
gr _ t _ f _ l	c _ g _ _	_ v _ _ l _ bl _	_ dh _ s _ v _
n _ rm _ l	dr _ b	b _ r _ d	_ r _ m _ t _ c
s _ c _ nd	r _ m _ nt _ c	cl _ _ n	f _ rg _ tf _ l
d _ ff _ r _ nt	pr _ _ d	fl _ t	l _ _ ng
_ nn _ c _ nt	sk _ llf _ l	p _ w _ rf _ l	d _ sg _ st _ d
_ ll _ g _ d	n _ b _ l _ _ s	pl _ _ n	kn _ tt _
h _ l _ r _ _ _ s	s _ mpl _	s _ dd _ n	d _ l _ ghtf _ l
bl _ sh _ ng	_ ns _ d _ _ _ s	d _ f _ _ nt	h _ m _ l _ ss

g _ rr _ l _ _ s	_ n _ nt _ r _ st _ d	h _ ghf _ l _ t _ n	fl _ t
s _ f _	h _ nds _ m _	b _ ll _ g _ r _ nt	br _ k _ n
c _ _ t _ _ _ s	s _ t _ sf _ _ ng	_ r _ m _ t _ c	_ l _ st _ c
_ n _ rm _ d	_ bs _ rd	_ gr _ _ _ bl _	_ _ tr _ g _ _ _ s
_ xcl _ s _ v _	r _ m _ nt _ c	n _ rm _ l	f _ rst
gr _ nd _ _ s _	h _ rsh	_ nx _ _ _ s	ch _ v _ lr _ _ s
g _ n _ r _ l	s _ c _ nd	_ n _ m _ t _ d	d _ m _ g _ d
h _ _ d _	n _ tt _	gr _ _ v _	b _ g
dr _ b	b _ mp _	wr _ ng	b _ d
f _ n _ t _ c _ l	_ ll _ g _ d	h _ lt _ ng	_ l _ g _ nt
pr _ _ d	cl _ _ d _	b _ z _ rr _	d _ l _ ghtf _ l
_ ns _ d _ _ _ s	_ nv _ nc _ bl _	cr _ _ l	_ ff _ c _ c _ _ _ s
cr _ wd _ d	c _ lc _ l _ t _ ng	_ sp _ r _ ng	bl _ sh _ ng
s _ l _ ct _ v _	sc _ r _ d	f _ sc _ n _ t _ d	b _ rl _
ch _ bb _	g _ ll _ bl _	h _ ll _ w _ d	m _ t _ r _
s _ l _ d	cl _ _ n	sw _ _ t	_ n _ rg _ t _ c
dr _	t _ ll _ ng	d _ ff _ r _ nt	_ bj _ ct
h _ m _ l _	_ nq _ _ s _ t _ v _	b _ r _ d	d _ s _ ll _ s _ _ n _ d
gr _ t _ f _ l	s _ mpl _	sk _ llf _ l	m _ r _
br _ _ n _	d _ scr _ _ t	_ d _ _ t _ c	c _ g _ _
s _ cr _ t _ v _	c _ mm _ n	d _ f _ ct _ v _	wh _ l _
c _ mb _ t _ v _	r _ fl _ ct _ v _	w _ _ t _ ng	d _ r _ ng _ d
_ d _ r _ bl _	m _ l _	b _ st	d _ l _ c _ _ _ s
m _ rk _	d _ f _ _ t _ d	l _ v _ l	l _ _ rn _ d
_ m _ z _ ng	c _ mpl _ x	d _ ng _ r _ _ s	_ dh _ s _ v _
p _ l _	q _ _ st _ _ n _ bl _	d _ f _ _ nt	r _ ght _ _ _ s

l _ _ rn _ d   f _ sc _ n _ t _ d   h _ lt _ ng   _ nv _ nc _ bl _

b _ g   g _ dl _   r _ b _ st   c _ g _ _

br _ k _ n   n _ tt _   m _ t _ r _   g _ ll _ bl _

s _ c _ nd   b _ st   cl _ _ n   th _ nkf _ l

r _ _ nd   n _ rm _ l   h _ ll _ w _ d   kn _ tt _

dr _ nk   _ n _ rm _ d   gr _ nd _ _ s _   cr _ wd _ d

l _ _ ng   b _ rl _   _ nt _ rn _ l   fl _ t

_ _ tr _ g _ _ _ s   d _ f _ _ t _ d   str _ ng _   _ d _ _ t _ c

r _ ght _ _ _ s   _ xcl _ s _ v _   d _ sg _ st _ d   d _ _ r

dr _   _ c _ d   s _ cr _ t _ v _   _ nq _ _ s _ t _ v _

p _ rf _ ct   h _ nds _ m _   _ nth _ s _ _ st _ c   sk _ llf _ l

h _ nds _ m _ l _   _ dh _ s _ v _   h _ ghf _ l _ t _ n   d _ ff _ r _ nt

_ n _ m _ t _ d   br _ wn   _ l _ st _ c   d _ f _ _ nt

f _ rg _ tf _ l   h _ m _ l _   d _ s _ ll _ s _ _ n _ d   b _ d

l _ v _ l   f _ rst   q _ _ st _ _ n _ bl _   d _ f _ ct _ v _

_ sp _ r _ ng   _ ns _ d _ _ _ s   m _ r _   _ nn _ c _ nt

r _ m _ nt _ c   _ mm _ ns _   ch _ bb _   _ n _ rg _ t _ c

_ ll _ g _ d   h _ l _ r _ _ _ s   m _ l _   t _ ll _ ng

_ d _ r _ bl _   d _ r _ ng _ d   w _ _ t _ ng   p _ l _

_ m _ z _ ng   m _ j _ st _ c   _ v _ _ l _ bl _   h _ m _ l _ ss

_ b _ _ rd   d _ m _ g _ d   j _ v _ n _ l _   n _ _ r

wr _ ng   b _ mp _   m _ rk _   p _ w _ rf _ l

c _ ll _ _ s   _ ff _ c _ c _ _ _ s   n _ b _ l _ _ s   cl _ _ d _

j _ _ _ _ s   b _ t _ -s _ z _ d   r _ fl _ ct _ v _   b _ r _ d

ch _ v _ lr _ _ s   _ nx _ _ _ s   d _ l _ ghtf _ l   dr _ b

gr _ t _ f _ l   s _ f _   _ r _ m _ t _ c   cl _ _ r

d _ _ r	dr _	gr _ nd _ _ s _	h _ ll _ w _ d
_ _ tr _ g _ _ _ s	sc _ r _ d	f _ rst	m _ r _
_ nx _ _ _ s	p _ w _ rf _ l	_ r _ ct	m _ l _
d _ f _ _ nt	g _ ll _ bl _	_ mm _ ns _	_ v _ _ l _ bl _
r _ ght _ _ _ s	w _ _ k	d _ r _ ng _ d	br _ _ n _
p _ rf _ ct	br _ wn	m _ rk _	h _ m _ l _ ss
_ b _ _ rd	wh _ l _	d _ l _ ghtf _ l	b _ mp _
_ nt _ rn _ l	w _ _ t _ ng	n _ b _ l _ _ s	r _ m _ nt _ c
f _ rg _ tf _ l	_ c _ d	d _ sg _ st _ d	_ d _ _ t _ c
h _ l _ r _ _ _ s	_ nth _ s _ _ st _ c	b _ d	dr _ b
s _ f _	cr _ _ l	gr _ _ v _	b _ rl _
c _ mb _ t _ v _	c _ _ t _ _ _ s	g _ rr _ l _ _ s	c _ ll _ _ s
h _ m _ l _	_ ll _ g _ d	_ d _ r _ bl _	b _ g
l _ _ ng	_ r _ m _ t _ c	t _ _ ths _ m _	pl _ _ n
s _ c _ nd	_ nq _ _ s _ t _ v _	m _ mm _ th	_ b _ rr _ nt
p _ l _	_ bh _ rr _ nt	b _ st	t _ ll _ ng
d _ f _ ct _ v _	g _ n _ r _ l	_ sp _ r _ ng	h _ rsh
_ nn _ c _ nt	h _ nds _ m _ l _	h _ d _ _ _ s	d _ ff _ r _ nt
ch _ _ rf _ l	_ l _ g _ nt	d _ scr _ _ t	_ m _ z _ ng
_ n _ m _ t _ d	j _ _ _ _ s	r _ b _ st	bl _ sh _ ng
fl _ t	cl _ _ d _	h _ _ d _	l _ v _ l
pr _ _ d	c _ mpl _ x	f _ sc _ n _ t _ d	cl _ _ n
dr _ nk	_ ns _ d _ _ _ s	cr _ wd _ d	gr _ _ ch _
d _ m _ g _ d	gr _ t _ f _ l	_ n _ nt _ r _ st _ d	b _ t _ -s _ z _ d
j _ v _ n _ l _	br _ k _ n	c _ g _ _	_ nc _ _ r _ g _ ng
m _ t _ r _	b _ r _ d	h _ ghf _ l _ t _ n	sk _ llf _ l

sk _ llf _ l	_ d _ _ t _ c	br _ _ n _	r _ b _ st
s _ f _	c _ _ t _ _ _ s	dr _	_ m _ z _ ng
_ v _ _ l _ bl _	g _ rr _ l _ _ s	wr _ ng	d _ ff _ r _ nt
_ n _ m _ t _ d	wh _ l _	_ ff _ c _ c _ _ _ s	n _ tt _
h _ ll _ w _ d	m _ rk _	n _ rm _ l	_ r _ ct
d _ _ r	s _ mpl _	b _ g	b _ t _ -s _ z _ d
r _ _ nd	gr _ nd _ _ s _	_ ns _ d _ _ _ s	s _ l _ d
_ n _ nt _ r _ st _ d	g _ n _ r _ l	d _ ng _ r _ _ s	_ bh _ rr _ nt
d _ s _ ll _ s _ _ n _ d	f _ rg _ tf _ l	m _ mm _ th	_ ll _ g _ d
_ d _ r _ bl _	c _ mb _ t _ v _	n _ b _ l _ _ s	b _ r _ d
b _ st	b _ mp _	s _ l _ ct _ v _	j _ _ _ _ s
h _ l _ r _ _ _ s	r _ ght _ _ _ s	w _ _ k	t _ ll _ ng
b _ ll _ g _ r _ nt	b _ d	_ n _ rm _ d	j _ v _ n _ l _
t _ _ ths _ m _	b _ rl _	_ xcl _ s _ v _	d _ scr _ _ t
str _ ng _	m _ t _ r _	f _ rst	_ nth _ s _ _ st _ c
p _ rʃ _ ct	h _ lt _ ng	c _ g _ _	_ mm _ ns _
dr _ nk	h _ _ d _	gr _ _ v _	_ nq _ _ s _ t _ v _
d _ f _ ct _ v _	br _ wn	_ nt _ rn _ l	r _ fl _ ct _ v _
kn _ tt _	_ l _ g _ nt	_ b _ _ rd	_ sp _ r _ ng
gr _ t _ f _ l	d _ f _ _ nt	s _ c _ nd	cl _ _ n
_ l _ st _ c	g _ ll _ bl _	_ _ tr _ g _ _ _ s	f _ sc _ n _ t _ d
ch _ v _ lr _ _ s	h _ nds _ m _	s _ dd _ n	gr _ _ ch _
_ b _ rr _ nt	w _ _ t _ ng	s _ cr _ t _ v _	h _ d _ _ _ s
_ dh _ s _ v _	d _ f _ _ t _ d	c _ ll _ _ s	dr _ b
br _ k _ n	d _ l _ ghtf _ l	sc _ r _ d	d _ r _ ng _ d
cr _ wd _ d	cr _ _ l	ch _ bb _	m _ l _

Solutions

Sandwich	Fridge	Woven	Spanish
Paper	Football	Bear	Drink
Rabbit	Milk	Rugby	Glass
Crocodile	Mobile	Song	American
Italian	South	Telephone	Sound
Gamer	Snake	Device	Book
Television	Juice	Jacket	Hockey
Storm	Europe	Chips	Ice
Music	African	Day	Cloud
Parrot	Cat	Rocket	Past
Sloth	Snow	Birthday	Monitor
Humburger	Dark	Difficult	Alien
Hospital	Bag	Arabic	Candle
Computer	Deer	Cooking	Marriage
Smoke	Laptop	Egypt	Burge
Present	Power	Weather	Earth
Dog	Tea	Cricket	Chiness
Youtube	Rain	Monkey	Future
Basketball	Adult	Portugis	Sketting
Teen	North	Unicorn	Wash
Middle east	Indian	Helicopter	baseball
Elephant	Fox	Lion	Sun
Water	Bolt	Bracelet	Tiger
Watch	Asian	Bird	Plane
Fastfood	English	Powder	Night
Secret	Drilling		

mature	knotty	broken	near
common	invincible	brown	insidious
juvenile	satisfying	agreeable	harsh
alleged	murky	abhorrent	homely
weak	waiting	pale	hilarious
bored	amazing	flat	disgusted
round	uninterested	righteous	brainy
aberrant	outrageous	powerful	halting
cruel	innocent	nutty	elastic
normal	grateful	internal	defiant
whole	secretive	chubby	belligerent
robust	deranged	delightful	reflective
simple	aromatic	big	disillusioned
grouchy	animated	thankful	abject
fascinated	proud	plain	anxious
callous	different	forgetful	gullible
wrong	encouraging	cautious	exclusive
solid	drab	nebulous	elegant
strange	safe	aspiring	unarmed
dangerous	toothsome	damaged	immense
hallowed	bad	best	crowded
mere	bite-sized	complex	homeless
skillful	perfect	dry	garrulous
male	cheerful	inquisitive	general
discreet	second	first	dear
adorable	clear	aboard	clean

defective	joyous	delightful	complex
bad	bumpy	mere	powerful
dear	different	innocent	amazing
exclusive	lying	abhorrent	nutty
aromatic	hideous	outrageous	gullible
mature	burly	grandiose	cautious
thankful	cheerful	first	combative
juvenile	simple	level	unarmed
highfalutin	fascinated	enthusiastic	telling
murky	mammoth	efficacious	homeless
halting	forgetful	sudden	waiting
elegant	chubby	sweet	aboard
sad	damaged	pale	selective
hilarious	calculating	aberrant	homely
broken	heady	garrulous	erect
adhesive	round	callous	animated
cruel	energetic	grateful	bored
dry	clean	discreet	acid
anxious	learned	defiant	robust
alleged	second	inquisitive	weak
elastic	disillusioned	godly	cagey
perfect	flat	normal	adorable
aspiring	encouraging	secretive	defeated
insidious	groovy	dangerous	brown
clear	deranged	whole	nebulous
safe	toothsome	idiotic	uninterested

level	available	clear	normal
wrong	nebulous	exclusive	chivalrous
brainy	handsome	cheerful	acid
godly	abhorrent	absurd	bite-sized
knotty	questionable	delightful	grubby
defective	hallowed	discreet	harsh
elastic	learned	cagey	elegant
hilarious	pale	general	complex
plain	insidious	internal	broken
defeated	agreeable	brown	disillusioned
clean	fascinated	energetic	strange
crowded	enthusiastic	drab	damaged
telling	highfalutin	mere	handsomely
immense	foregoing	aromatic	belligerent
unarmed	grouchy	chubby	amazing
halting	joyous	secretive	grateful
combative	male	aberrant	murky
righteous	aspiring	toothsome	best
bored	bizarre	sudden	majestic
gullible	deranged	calculating	dangerous
romantic	mammoth	callous	thankful
burly	groovy	solid	different
weak	round	flat	invincible
big	whole	homeless	waiting
bumpy	cautious	hideous	idiotic
fanatical	delicious	juvenile	scared

heady	near	chivalrous	cruel
waiting	pale	thankful	calculating
aberrant	handsomely	sudden	drunk
absurd	godly	available	first
cautious	scared	abhorrent	disillusioned
immense	foregoing	grateful	strange
flat	cloudy	juvenile	elastic
defeated	complex	aboard	solid
level	best	animated	gullible
sweet	safe	nebulous	brown
telling	knotty	skillful	garrulous
romantic	harsh	lying	aromatic
belligerent	toothsome	mature	hideous
bad	groovy	drab	clear
different	exclusive	murky	second
combative	dangerous	efficacious	blushing
grandiose	hilarious	round	forgetful
homely	acid	discreet	disgusted
adhesive	defective	majestic	powerful
chubby	male	halting	mammoth
brainy	dry	normal	fascinated
sad	homeless	grouchy	internal
learned	outrageous	bumpy	dear
delightful	bite-sized	selective	insidious
general	unarmed	encouraging	cagey
whole	amazing	broken	satisfying

simple	romantic	broken	plain
drunk	animated	grouchy	acid
dangerous	bad	homeless	defiant
mammoth	second	fascinated	gullible
secretive	dry	aberrant	robust
amazing	handsome	level	disillusioned
skillful	deranged	round	righteous
grandiose	strange	knotty	belligerent
discreet	unarmed	juvenile	uninterested
defeated	immense	pale	halting
callous	abhorrent	encouraging	garrulous
mature	different	defective	questionable
nebulous	nutty	burly	crowded
mere	hideous	sad	thankful
hilarious	agreeable	cloudy	groovy
anxious	flat	cheerful	alleged
dear	chubby	whole	lying
invincible	godly	bite-sized	selective
chivalrous	harsh	general	sweet
brown	sudden	hallowed	safe
innocent	abject	majestic	calculating
normal	disgusted	highfalutin	best
aromatic	drab	damaged	cautious
proud	handsomely	delightful	murky
efficacious	adorable	male	idiotic
first	heady	common	bored

animated	outrageous	different	gullible
abject	burly	delicious	second
dangerous	mammoth	amazing	bite-sized
scared	idiotic	cagey	clear
immense	proud	nebulous	big
combative	defeated	wrong	dry
defective	damaged	disgusted	nutty
aromatic	toothsome	elastic	halting
near	crowded	enthusiastic	hallowed
hilarious	disillusioned	drab	drunk
agreeable	majestic	male	hideous
secretive	homely	reflective	satisfying
mature	round	sudden	best
garrulous	joyous	callous	uninterested
simple	cautious	common	clean
absurd	waiting	handsomely	forgetful
bored	whole	godly	belligerent
safe	sweet	brainy	aberrant
discreet	pale	abhorrent	brown
insidious	solid	juvenile	fascinated
selective	defiant	telling	learned
chubby	powerful	romantic	handsome
flat	heady	bumpy	adorable
calculating	encouraging	level	thankful
available	innocent	broken	plain
general	questionable	first	adhesive

cruel	inquisitive	common	grateful
unarmed	joyous	safe	anxious
defeated	clean	harsh	thankful
selective	handsomely	dry	invincible
insidious	enthusiastic	nutty	heady
erect	homeless	hilarious	whole
delicious	satisfying	telling	best
garrulous	halting	broken	homely
solid	aromatic	belligerent	absurd
grandiose	calculating	cagey	pale
second	blushing	adorable	hallowed
internal	mature	amazing	burly
sudden	deranged	complex	abject
normal	different	round	chivalrous
questionable	elegant	foregoing	bite-sized
juvenile	crowded	drab	majestic
encouraging	level	delightful	strange
skillful	general	agreeable	hideous
disgusted	defective	powerful	clear
righteous	sweet	learned	cheerful
mere	discreet	idiotic	aboard
romantic	immense	weak	aberrant
murky	flat	innocent	animated
chubby	drunk	outrageous	brown
gullible	male	godly	bored
abhorrent	combative	nebulous	fascinated

toothsome	pale	energetic	chubby
defiant	abhorrent	lying	garrulous
elastic	waiting	combative	bite-sized
wrong	majestic	clean	level
delightful	animated	drunk	calculating
dear	bumpy	selective	defeated
groovy	heady	scared	male
common	second	amazing	cagey
satisfying	adorable	telling	halting
alleged	clear	handsome	sudden
insidious	idiotic	plain	perfect
anxious	encouraging	bored	robust
solid	big	reflective	agreeable
godly	different	juvenile	uninterested
broken	immense	defective	disgusted
dry	general	inquisitive	blushing
grouchy	aspiring	deranged	fascinated
grandiose	internal	near	whole
hideous	discreet	cloudy	aromatic
adhesive	joyous	strange	callous
round	brainy	knotty	crowded
damaged	best	powerful	first
foregoing	outrageous	hallowed	gullible
harsh	mere	cautious	forgetful
disillusioned	erect	sweet	proud
homely	righteous	cruel	brown

idiotic

handsome

grateful

plain

clean

knotty

internal

solid

available

anxious

exclusive

homely

bite-sized

joyous

homeless

simple

abhorrent

delightful

learned

round

romantic

powerful

adhesive

aberrant

callous

lying

elastic

cagey

cruel

grandiose

harsh

satisfying

dry

best

pale

innocent

deranged

highfalutin

righteous

secretive

unarmed

damaged

invincible

drab

bumpy

combative

enthusiastic

efficacious

calculating

drunk

cloudy

questionable

safe

big

mature

reflective

encouraging

telling

dangerous

cautious

belligerent

waiting

chubby

sweet

acid

aspiring

thankful

weak

crowded

elegant

general

first

burly

outrageous

second

clear

complex

skillful

handsomely

adorable

nutty

bored

juvenile

cheerful

mammoth

flat

forgetful

sudden

energetic

defeated

erect

defective

fascinated

nebulous

sad

mere

inquisitive

hilarious

aromatic

hallowed

whole

agreeable

amazing

brown

hilarious	chubby	telling	perfect
handsomely	selective	dear	hideous
fascinated	defeated	pale	abject
disillusioned	harsh	waiting	internal
thankful	wrong	toothsome	juvenile
learned	male	unarmed	strange
aspiring	forgetful	grandiose	godly
reflective	bored	near	mature
skillful	animated	grateful	dry
discreet	homely	simple	questionable
mammoth	general	joyous	chivalrous
defiant	gullible	sweet	robust
blushing	proud	uninterested	insidious
sad	normal	garrulous	alleged
bad	sudden	aromatic	abhorrent
cautious	big	acid	innocent
enthusiastic	mere	whole	scared
adhesive	aberrant	common	anxious
drab	bite-sized	different	exclusive
level	burly	first	handsome
lying	idiotic	secretive	amazing
delightful	broken	hallowed	cruel
energetic	encouraging	complex	aboard
brown	safe	romantic	available
flat	combative	deranged	righteous
bumpy	highfalutin	immense	outrageous

innocent	hallowed	disgusted	exclusive
selective	general	aberrant	first
immense	clear	big	righteous
acid	blushing	knotty	energetic
aboard	homely	abhorrent	hilarious
robust	deranged	elegant	telling
unarmed	sweet	fascinated	combative
sudden	second	broken	complex
godly	juvenile	plain	hideous
cagey	gullible	abject	animated
grateful	defective	whole	bite-sized
drab	cruel	bumpy	clean
efficacious	elastic	lying	brown
nutty	enthusiastic	crowded	normal
amazing	aspiring	simple	reflective
round	adorable	alleged	male
joyous	mere	learned	handsome
calculating	invincible	murky	brainy
uninterested	adhesive	callous	scared
discreet	insidious	outrageous	chivalrous
garrulous	homeless	inquisitive	thankful
burly	bored	handsomely	safe
best	different	idiotic	skillful
solid	bad	defiant	anxious
level	weak	flat	pale
heady	chubby	dangerous	encouraging

cheerful	toothsome	disillusioned	waiting
fanatical	whole	efficacious	belligerent
aboard	available	knotty	adhesive
absurd	abject	sudden	murky
chivalrous	joyous	disgusted	broken
cruel	insidious	second	amazing
drab	discreet	dear	safe
erect	solid	different	elegant
halting	chubby	sad	crowded
aberrant	brainy	proud	sweet
questionable	best	flat	lying
elastic	skillful	encouraging	highfalutin
powerful	hideous	secretive	dry
alleged	thankful	animated	hilarious
immense	reflective	homeless	fascinated
grateful	learned	majestic	groovy
defective	blushing	perfect	burly
common	mature	clean	selective
combative	calculating	strange	idiotic
complex	homely	brown	gullible
handsomely	enthusiastic	delightful	deranged
foregoing	innocent	cloudy	near
general	scared	damaged	godly
harsh	handsome	robust	forgetful
male	abhorrent	adorable	hallowed
defiant	invincible	inquisitive	nutty

elegant	mature	cloudy	burly
general	insidious	righteous	uninterested
best	aboard	clean	brainy
cautious	elastic	blushing	reflective
sudden	proud	male	chubby
dry	bite-sized	pale	animated
learned	wrong	belligerent	robust
anxious	erect	nebulous	questionable
cruel	chivalrous	skillful	murky
lying	forgetful	complex	majestic
heady	plain	joyous	energetic
grandiose	encouraging	fascinated	damaged
drunk	romantic	different	brown
highfalutin	garrulous	normal	groovy
cheerful	available	strange	scared
alleged	adhesive	hideous	round
bored	satisfying	idiotic	simple
innocent	hallowed	amazing	secretive
gullible	safe	abject	abhorrent
flat	grouchy	handsomely	weak
powerful	mammoth	defiant	dangerous
harsh	internal	near	aberrant
hilarious	selective	calculating	second
absurd	telling	disgusted	unarmed
sweet	inquisitive	callous	outrageous
juvenile	efficacious	aspiring	defective

callous	secretive	questionable	flat
belligerent	handsome	sad	garrulous
delightful	big	cagey	sweet
abhorrent	bored	highfalutin	blushing
abject	thankful	common	brainy
idiotic	wrong	invincible	hideous
general	heady	satisfying	aromatic
brown	agreeable	anxious	defeated
mere	simple	cruel	different
homeless	uninterested	romantic	knotty
drab	murky	best	solid
amazing	weak	elegant	whole
complex	nebulous	animated	near
efficacious	grouchy	godly	selective
deranged	dangerous	immense	round
damaged	handsomely	hallowed	energetic
defiant	hilarious	homely	halting
aspiring	enthusiastic	chubby	mature
proud	aberrant	pale	cheerful
grateful	learned	fascinated	disillusioned
cautious	exclusive	dry	powerful
discreet	clean	bumpy	combative
internal	majestic	sudden	innocent
first	clear	safe	level
erect	robust	gullible	male
broken	available	forgetful	righteous

elastic	immense	pale	garrulous
defective	round	inquisitive	male
sweet	anxious	waiting	thankful
enthusiastic	elegant	idiotic	belligerent
uninterested	sad	halting	second
alleged	bored	grandiose	wrong
mature	handsomely	erect	nutty
disgusted	groovy	bad	big
grateful	outrageous	grouchy	first
majestic	efficacious	normal	romantic
defiant	abhorrent	homely	questionable
selective	chubby	telling	joyous
best	brainy	nebulous	aspiring
weak	deranged	strange	toothsome
defeated	disillusioned	broken	calculating
different	animated	amazing	delightful
scared	solid	abject	dangerous
combative	insidious	fascinated	common
skillful	hallowed	complex	lying
knotty	handsome	dear	chivalrous
near	acid	gullible	learned
harsh	aromatic	robust	forgetful
cloudy	flat	exclusive	reflective
clean	safe	bumpy	godly
crowded	proud	clear	cautious
aberrant	mere	internal	burly

sweet	common	best	inquisitive
righteous	alleged	level	perfect
erect	enthusiastic	abject	nebulous
delightful	flat	immense	general
hideous	burly	efficacious	defeated
majestic	clear	drab	amazing
sad	innocent	dry	chubby
pale	disgusted	mere	combative
aromatic	crowded	garrulous	grandiose
bad	acid	simple	proud
adhesive	nutty	normal	clean
damaged	bored	exclusive	highfalutin
energetic	lying	romantic	plain
mammoth	solid	dangerous	groovy
brown	internal	questionable	encouraging
selective	toothsome	halting	calculating
discreet	near	murky	elastic
homeless	mature	telling	idiotic
gullible	aberrant	dear	cruel
brainy	round	waiting	big
joyous	complex	anxious	hilarious
robust	juvenile	skillful	animated
chivalrous	first	callous	different
defective	fascinated	disillusioned	bumpy
wrong	cloudy	learned	available
outrageous	cautious	belligerent	broken

lying	bumpy	deranged	chivalrous
disillusioned	dangerous	safe	sweet
broken	aspiring	discreet	level
best	fascinated	secretive	big
forgetful	satisfying	different	hilarious
bored	solid	reflective	icy
bad	godly	inquisitive	available
grandiose	belligerent	delightful	amazing
aboard	innocent	idiotic	damaged
internal	mature	hallowed	elegant
flat	powerful	abject	murky
waiting	bite-sized	sad	outrageous
blushing	near	defective	first
encouraging	questionable	fanatical	cruel
callous	handsome	chubby	drab
elastic	enthusiastic	righteous	scared
wrong	groovy	invincible	harsh
gullible	skillful	normal	alleged
animated	second	agreeable	brown
acid	joyous	defiant	delicious
weak	aromatic	toothsome	highfalutin
uninterested	combative	selective	male
thankful	disgusted	nutty	adorable
mere	drunk	simple	cheerful
foregoing	clean	hideous	grateful
aberrant	cloudy	mammoth	majestic

alleged	whole	thankful	waiting
level	drunk	callous	cautious
cheerful	clear	safe	simple
elegant	immense	aberrant	erect
hilarious	elastic	garrulous	hallowed
groovy	strange	wrong	amazing
different	common	bumpy	robust
abject	nebulous	telling	forgetful
clean	righteous	insidious	reflective
secretive	dry	murky	damaged
godly	sweet	best	heady
general	innocent	disgusted	grouchy
aspiring	powerful	complex	uninterested
plain	bite-sized	nutty	calculating
anxious	defiant	mere	idiotic
juvenile	available	mammoth	encouraging
efficacious	solid	defeated	romantic
flat	brown	energetic	questionable
defective	exclusive	toothsome	burly
near	sad	discreet	drab
blushing	unarmed	mature	round
delightful	broken	proud	first
handsomely	dangerous	gullible	majestic
aboard	dear	bad	second
adorable	hideous	aromatic	scared
lying	highfalutin	cagey	combative

fascinated	alleged	elegant	amazing
complex	sudden	deranged	whole
sad	hilarious	scared	cheerful
combative	normal	skillful	chubby
strange	nutty	defeated	clear
near	telling	energetic	powerful
drunk	common	immense	dangerous
homely	heady	majestic	defective
enthusiastic	insidious	murky	disillusioned
burly	pale	bad	secretive
animated	cloudy	harsh	forgetful
best	sweet	waiting	elastic
cautious	general	big	available
belligerent	chivalrous	dear	gullible
delightful	grandiose	erect	weak
mature	damaged	calculating	hideous
mere	dry	groovy	idiotic
questionable	drab	anxious	different
broken	safe	crowded	hallowed
learned	toothsome	knotty	cruel
joyous	aboard	acid	abject
adorable	aspiring	wrong	thankful
cagey	brown	second	godly
bored	proud	bumpy	unarmed
uninterested	garrulous	aromatic	bite-sized
outrageous	first	flat	male

clean	immense	dangerous	invincible
anxious	drunk	plain	abject
round	enthusiastic	reflective	cheerful
blushing	majestic	brown	handsome
defeated	abhorrent	thankful	dear
calculating	uninterested	lying	scared
exclusive	innocent	delightful	erect
safe	insidious	grateful	handsomely
juvenile	garrulous	brainy	romantic
belligerent	drab	homeless	near
mature	internal	toothsome	mammoth
callous	cagey	whole	halting
inquisitive	agreeable	joyous	weak
defiant	aboard	dry	outrageous
godly	selective	waiting	different
nebulous	discreet	first	cruel
hilarious	questionable	grouchy	encouraging
secretive	mere	broken	clear
robust	forgetful	foregoing	big
learned	pale	elastic	amazing
hallowed	cloudy	energetic	telling
crowded	powerful	normal	strange
cautious	aberrant	harsh	gullible
disillusioned	second	level	damaged
general	sweet	grandiose	chubby
groovy	hideous	bored	flat

cautious	powerful	innocent	first
dear	crowded	robust	forgetful
thankful	encouraging	discreet	cloudy
cagey	calculating	grouchy	energetic
majestic	immense	common	grateful
drunk	abhorrent	gullible	strange
enthusiastic	hallowed	efficacious	hideous
sad	mere	joyous	delightful
big	heady	normal	questionable
murky	best	highfalutin	romantic
fascinated	plain	outrageous	round
bad	righteous	erect	whole
aspiring	general	toothsome	adorable
different	handsome	anxious	acid
burly	amazing	clear	homeless
scared	proud	pale	brown
animated	foregoing	second	godly
deranged	perfect	exclusive	flat
broken	belligerent	waiting	safe
internal	drab	damaged	aboard
clean	elegant	reflective	aromatic
homely	chubby	abject	solid
disillusioned	groovy	unarmed	dangerous
learned	bored	nutty	grandiose
fanatical	cruel	selective	combative
blushing	knotty	elastic	garrulous

cagey

cruel

skillful

animated

energetic

male

cloudy

strange

adhesive

immense

bad

flat

amazing

round

bizarre

romantic

safe

clean

bite-sized

cheerful

inquisitive

deranged

fascinated

available

solid

garrulous

dry

blushing

questionable

invincible

foregoing

thankful

discreet

hallowed

brainy

disillusioned

forgetful

nebulous

calculating

gullible

general

alleged

acid

homeless

elegant

heady

lying

grandiose

defeated

common

near

scared

hilarious

aspiring

drunk

highfalutin

cautious

burly

drab

handsome

disgusted

aberrant

level

erect

anxious

defective

idiotic

callous

delicious

juvenile

grateful

chubby

nutty

murky

handsomely

plain

waiting

unarmed

selective

aromatic

learned

different

abject

homely

absurd

insidious

proud

mammoth

mere

crowded

aboard

delightful

toothsome

best

first

second

groovy

dangerous

telling

encouraging

brown

grouchy

simple

whole

available	righteous	cheerful	juvenile
crowded	exclusive	callous	enthusiastic
secretive	sweet	joyous	mature
nutty	amazing	drunk	reflective
aspiring	selective	combative	best
aboard	waiting	hilarious	mammoth
common	clean	chubby	bored
halting	calculating	clear	toothsome
broken	big	blushing	whole
anxious	foregoing	unarmed	internal
idiotic	aberrant	absurd	acid
homely	defiant	brown	hallowed
outrageous	invincible	animated	knotty
questionable	normal	immense	sudden
lying	dear	bite-sized	scared
brainy	uninterested	energetic	chivalrous
gullible	strange	pale	elastic
majestic	efficacious	disillusioned	mere
godly	defeated	safe	general
abhorrent	handsome	delightful	bumpy
romantic	hideous	damaged	grouchy
erect	cautious	adhesive	first
cruel	plain	grandiose	harsh
sad	robust	homeless	adorable
weak	different	proud	drab
level	inquisitive	nebulous	aromatic

hideous	delightful	righteous	sad
animated	grouchy	cagey	burly
sweet	calculating	wrong	mature
homely	pale	murky	combative
uninterested	insidious	anxious	big
general	powerful	damaged	safe
nebulous	near	first	innocent
dangerous	heady	brainy	grandiose
forgetful	erect	gullible	brown
immense	callous	common	garrulous
defiant	robust	exclusive	amazing
drab	telling	cruel	elastic
hallowed	thankful	lying	questionable
juvenile	level	abhorrent	male
sudden	disgusted	internal	blushing
chubby	secretive	romantic	efficacious
hilarious	simple	knotty	defeated
skillful	toothsome	inquisitive	strange
energetic	harsh	dear	broken
idiotic	clean	handsomely	homeless
absurd	majestic	available	flat
selective	aboard	round	cautious
bored	alleged	different	whole
nutty	foregoing	discreet	waiting
invincible	agreeable	defective	bad
deranged	complex	cheerful	grateful

round	romantic	innocent	immense
gullible	sad	questionable	satisfying
best	hideous	blushing	toothsome
discreet	second	garrulous	adorable
juvenile	agreeable	thankful	bad
aromatic	dear	defective	efficacious
joyous	cagey	whole	highfalutin
bored	male	energetic	elegant
level	righteous	chubby	halting
dry	nebulous	aboard	hilarious
plain	hallowed	adhesive	defiant
common	complex	absurd	delightful
knotty	drab	belligerent	amazing
powerful	general	first	defeated
homely	foregoing	sudden	perfect
brainy	flat	grandiose	cautious
invincible	nutty	clear	waiting
forgetful	safe	aberrant	brown
solid	skillful	dangerous	deranged
damaged	anxious	wrong	normal
outrageous	reflective	scared	bite-sized
cloudy	godly	different	mature
telling	fascinated	selective	animated
clean	learned	mammoth	proud
uninterested	enthusiastic	grouchy	strange
disgusted	callous	alleged	harsh

second	forgetful	chubby	level
normal	dangerous	skillful	dear
brown	complex	cloudy	garrulous
near	cruel	cheerful	telling
nebulous	combative	halting	hideous
bad	simple	blushing	grateful
energetic	learned	highfalutin	waiting
enthusiastic	lying	deranged	majestic
anxious	erect	internal	drunk
chivalrous	inquisitive	general	bite-sized
whole	defective	joyous	immense
adorable	elegant	animated	callous
sweet	bumpy	secretive	plain
proud	damaged	mature	aspiring
knotty	delightful	hallowed	sudden
grandiose	alleged	scared	weak
gullible	romantic	amazing	best
brainy	groovy	fascinated	powerful
heady	murky	godly	efficacious
defiant	aromatic	discreet	handsomely
wrong	exclusive	drab	disgusted
innocent	calculating	cautious	aboard
burly	mere	male	first
robust	clear	crowded	clean
outrageous	pale	big	hilarious
nutty	defeated	strange	handsome

weak	powerful	second	discreet
clear	aboard	drab	brainy
skillful	erect	heady	perfect
romantic	available	flat	acid
whole	elastic	disillusioned	aberrant
general	clean	nutty	reflective
chubby	nebulous	homely	gullible
dear	blushing	handsome	halting
immense	simple	crowded	burly
defeated	drunk	internal	best
exclusive	abject	innocent	hilarious
questionable	strange	grandiose	cheerful
grateful	joyous	near	aromatic
damaged	sad	majestic	common
round	hallowed	disgusted	forgetful
dry	insidious	highfalutin	wrong
sudden	thankful	dangerous	mature
anxious	safe	amazing	grouchy
knotty	groovy	brown	proud
waiting	delightful	complex	enthusiastic
first	outrageous	adhesive	chivalrous
efficacious	calculating	bite-sized	adorable
abhorrent	callous	mere	unarmed
elegant	deranged	lying	encouraging
harsh	energetic	inquisitive	aspiring
different	normal	broken	level

efficacious	forgetful	proud	unarmed
joyous	thankful	alleged	robust
brown	calculating	abject	aromatic
simple	inquisitive	near	defiant
garrulous	whole	absurd	scared
defeated	level	burly	bite-sized
hilarious	second	highfalutin	exclusive
broken	nutty	first	chubby
clean	aspiring	harsh	damaged
telling	available	big	bad
uninterested	mammoth	belligerent	hideous
cheerful	normal	satisfying	complex
encouraging	mere	flat	discreet
juvenile	idiotic	secretive	disgusted
male	defective	handsomely	delightful
weak	aberrant	combative	blushing
lying	erect	plain	crowded
sad	fascinated	sudden	amazing
internal	cruel	immense	cagey
grouchy	agreeable	invincible	groovy
different	heady	elastic	nebulous
outrageous	romantic	hallowed	sweet
homeless	knotty	dear	energetic
brainy	anxious	murky	waiting
questionable	dangerous	general	grateful
halting	innocent	toothsome	reflective

questionable	weak	godly	bumpy
waiting	inquisitive	level	outrageous
calculating	delightful	sweet	aboard
encouraging	damaged	perfect	sudden
forgetful	drab	disillusioned	toothsome
efficacious	nutty	crowded	romantic
brainy	homely	alleged	juvenile
bite-sized	joyous	near	grateful
chivalrous	defeated	hallowed	plain
elegant	mammoth	chubby	broken
sad	telling	belligerent	insidious
scared	common	animated	abhorrent
abject	amazing	aspiring	skillful
selective	discreet	aromatic	mere
normal	fascinated	cautious	whole
dry	energetic	big	different
robust	first	aberrant	burly
harsh	powerful	male	innocent
unarmed	grandiose	flat	dear
solid	majestic	cruel	hilarious
gullible	bad	defective	righteous
reflective	complex	invincible	internal
mature	lying	clean	defiant
acid	secretive	cheerful	anxious
bored	safe	nebulous	callous
elastic	enthusiastic	cagey	thankful

unarmed	proud	immense	drab
animated	questionable	hallowed	abhorrent
majestic	grouchy	simple	weak
near	secretive	bite-sized	complex
plain	robust	chubby	godly
disgusted	bad	solid	groovy
cheerful	heady	cagey	adorable
uninterested	round	brown	flat
aboard	perfect	homely	telling
aromatic	delightful	whole	internal
dangerous	highfalutin	powerful	encouraging
gullible	safe	general	efficacious
sudden	skillful	amazing	aberrant
defeated	burly	energetic	dear
blushing	joyous	innocent	clean
handsomely	brainy	cruel	romantic
first	murky	selective	reflective
exclusive	mature	belligerent	disillusioned
fascinated	lying	invincible	waiting
hilarious	halting	idiotic	defective
forgetful	adhesive	bumpy	alleged
acid	deranged	hideous	chivalrous
drunk	harsh	cloudy	erect
thankful	different	toothsome	discreet
abject	wrong	knotty	homeless
insidious	strange	sweet	scared

idiotic	adorable	handsomely	amazing
robust	mere	sad	godly
cloudy	innocent	forgetful	lying
murky	icy	majestic	best
wrong	first	gullible	different
homeless	hallowed	male	general
handsome	satisfying	available	defeated
grandiose	mammoth	burly	learned
safe	cagey	clear	calculating
invincible	broken	delicious	questionable
cruel	reflective	knotty	big
whole	brown	plain	foregoing
insidious	flat	powerful	fascinated
belligerent	cautious	homely	agreeable
common	defective	brainy	damaged
dry	bored	disgusted	second
encouraging	null	aspiring	strange
chubby	secretive	abject	mature
perfect	bumpy	dear	aboard
alleged	erect	bad	drab
fanatical	round	acid	heady
bite-sized	romantic	joyous	pale
internal	groovy	solid	highfalutin
grouchy	proud	elastic	unarmed
animated	immense	enthusiastic	absurd
halting	juvenile	thankful	weak

normal	bumpy	invincible	elastic
general	insidious	erect	hallowed
mere	learned	sudden	sweet
harsh	romantic	juvenile	enthusiastic
cautious	calculating	perfect	different
adorable	cagey	flat	aboard
male	highfalutin	cruel	clean
available	questionable	waiting	reflective
selective	callous	lying	near
hilarious	hideous	cheerful	grouchy
murky	drab	crowded	brown
elegant	joyous	immense	nutty
nebulous	anxious	acid	defeated
wrong	deranged	broken	common
pale	second	homely	discreet
idiotic	thankful	bite-sized	fanatical
energetic	satisfying	simple	mature
proud	clear	amazing	first
damaged	aromatic	foregoing	gullible
bizarre	grateful	bored	disgusted
best	powerful	groovy	secretive
fascinated	defective	dangerous	strange
righteous	adhesive	outrageous	chubby
whole	complex	delightful	dear
mammoth	big	scared	agreeable
combative	chivalrous	telling	inquisitive

robust	highfalutin	cruel	brown
clear	first	nebulous	dangerous
aboard	drab	waiting	elastic
powerful	fascinated	enthusiastic	null
hideous	bite-sized	second	defective
agreeable	adorable	blushing	grandiose
encouraging	gullible	male	anxious
hilarious	clean	immense	groovy
weak	exclusive	majestic	innocent
hallowed	abhorrent	sweet	near
dry	secretive	skillful	idiotic
absurd	cloudy	complex	bored
questionable	perfect	grouchy	joyous
strange	brainy	knotty	handsomely
common	delicious	icy	solid
learned	grubby	damaged	telling
selective	forgetful	bad	aromatic
bustling	energetic	general	pale
simple	elegant	harsh	mature
thankful	mere	calculating	callous
broken	foregoing	different	bizarre
cheerful	acid	whole	inquisitive
cagey	mammoth	crowded	halting
disgusted	scared	animated	delightful
wrong	plain	sudden	big
lying	homely	defiant	toothsome

deranged	common	invincible	different
grandiose	efficacious	defiant	immense
weak	burly	gullible	damaged
harsh	drab	waiting	halting
complex	robust	hilarious	adhesive
uninterested	cagey	adorable	questionable
drunk	majestic	brown	homely
defective	idiotic	available	aberrant
inquisitive	bored	solid	scared
brainy	dangerous	bite-sized	handsome
fascinated	clear	amazing	chivalrous
skillful	round	sudden	erect
bumpy	mere	learned	nutty
simple	dry	delightful	chubby
proud	safe	hideous	groovy
powerful	innocent	crowded	wrong
encouraging	knotty	broken	pale
near	murky	thankful	alleged
elastic	belligerent	disgusted	abhorrent
callous	big	garrulous	level
normal	forgetful	heady	blushing
outrageous	internal	cruel	joyous
mature	unarmed	grateful	whole
strange	aromatic	exclusive	clean
second	disillusioned	cheerful	romantic
hallowed	righteous	homeless	combative

abject	encouraging	gullible	majestic
sad	solid	damaged	drab
different	mere	chubby	acid
discreet	dangerous	wrong	alleged
chivalrous	bad	defective	complex
innocent	inquisitive	telling	murky
powerful	round	toothsome	anxious
common	aboard	hilarious	harsh
aromatic	amazing	robust	unarmed
efficacious	sweet	energetic	available
highfalutin	level	halting	homely
callous	drunk	cruel	questionable
grateful	proud	second	defiant
abhorrent	simple	belligerent	brainy
aspiring	male	whole	bumpy
heady	mature	erect	learned
outrageous	weak	exclusive	near
crowded	strange	defeated	lying
handsomely	nebulous	mammoth	righteous
adorable	bite-sized	first	animated
broken	safe	best	aberrant
immense	hallowed	fascinated	handsome
calculating	hideous	nutty	dry
insidious	adhesive	normal	pale
blushing	grandiose	delightful	secretive
elegant	plain	thankful	general

bad | grandiose | uninterested | agreeable
bite-sized | highfalutin | homely | belligerent
blushing | telling | elegant | questionable
wrong | grouchy | male | outrageous
available | level | innocent | best
combative | romantic | proud | hilarious
acid | gullible | clear | round
righteous | abject | calculating | waiting
unarmed | secretive | safe | aromatic
sad | fascinated | chivalrous | broken
energetic | robust | abhorrent | whole
mammoth | disillusioned | delightful | amazing
murky | invincible | first | crowded
exclusive | damaged | bumpy | hallowed
harsh | drunk | sudden | nutty
handsome | hideous | bored | juvenile
joyous | pale | mature | heady
near | erect | general | chubby
defiant | brown | dear | selective
majestic | simple | inquisitive | skillful
cheerful | enthusiastic | thankful | callous
nebulous | clean | cloudy | dry
homeless | satisfying | mere | aboard
alleged | lying | toothsome | discreet
defeated | animated | deranged | dangerous
defective | reflective | aspiring | flat

aromatic	cloudy	aboard	mere
romantic	erect	halting	selective
robust	grouchy	best	flat
abhorrent	safe	insidious	perfect
murky	bizarre	normal	proud
common	adorable	callous	groovy
strange	cruel	cheerful	dangerous
internal	highfalutin	complex	idiotic
bored	secretive	big	fascinated
broken	nutty	homely	amazing
outrageous	aspiring	grandiose	whole
gullible	acid	plain	solid
mature	majestic	mammoth	drunk
efficacious	scared	grateful	discreet
brown	powerful	thankful	exclusive
hallowed	lying	pale	learned
delicious	hilarious	innocent	general
adhesive	belligerent	deranged	aberrant
burly	wrong	defeated	disillusioned
immense	crowded	hideous	brainy
chubby	blushing	harsh	toothsome
clean	sad	invincible	calculating
alleged	first	level	second
different	available	fanatical	enthusiastic
cagey	homeless	dry	defective
elegant	bad	foregoing	bite-sized

powerful

belligerent

immense

grandiose

bored

abhorrent

grouchy

groovy

harsh

normal

clean

plain

telling

different

outrageous

majestic

amazing

innocent

disgusted

exclusive

weak

delightful

forgetful

cagey

skillful

whole

first

adorable

aromatic

adhesive

righteous

mature

hallowed

dear

proud

murky

highfalutin

unarmed

encouraging

internal

broken

cruel

aboard

learned

mammoth

reflective

sudden

homeless

elegant

round

combative

waiting

selective

general

inquisitive

juvenile

nebulous

defiant

bite-sized

second

dangerous

bad

chivalrous

aberrant

hilarious

grateful

joyous

sad

callous

aspiring

dry

clear

sweet

robust

lying

drunk

abject

cautious

idiotic

chubby

gullible

brainy

defective

strange

flat

damaged

energetic

hideous

efficacious

burly

garrulous

level

cloudy

acid

deranged

disillusioned

solid

simple

elastic

brown

fascinated

pale

big

defeated

powerful	calculating	grateful	cagey
skillful	dry	level	disillusioned
available	burly	flat	fascinated
clean	strange	whole	aboard
weak	broken	bad	idiotic
wrong	chubby	hallowed	heady
homely	joyous	uninterested	brown
internal	groovy	damaged	solid
elastic	romantic	near	drab
safe	energetic	big	deranged
grandiose	questionable	harsh	second
proud	halting	cruel	inquisitive
bored	bite-sized	hideous	thankful
disgusted	first	simple	chivalrous
cloudy	different	righteous	pale
encouraging	dangerous	normal	robust
discreet	selective	highfalutin	efficacious
scared	cautious	round	mere
delightful	sweet	elegant	telling
defiant	majestic	cheerful	mammoth
juvenile	enthusiastic	handsomely	insidious
dear	defeated	immense	gullible
common	knotty	secretive	godly
complex	hilarious	amazing	perfect
nutty	mature	abhorrent	innocent
toothsome	abject	plain	sad

nebulous

discreet

amazing

foregoing

groovy

elastic

general

powerful

enthusiastic

common

brown

learned

halting

round

chubby

scared

defiant

idiotic

nutty

alleged

heady

uninterested

damaged

whole

anxious

highfalutin

innocent

energetic

romantic

efficacious

cheerful

handsome

juvenile

near

waiting

burly

defective

absurd

fanatical

skillful

strange

deranged

secretive

exclusive

cagey

grouchy

garrulous

gullible

toothsome

righteous

aspiring

complex

internal

cruel

satisfying

clean

second

clear

available

male

harsh

mature

drunk

blushing

dangerous

abhorrent

selective

telling

normal

joyous

grateful

forgetful

proud

combative

level

pale

different

hallowed

flat

dear

mammoth

aberrant

robust

delicious

cloudy

majestic

disgusted

acid

drab

abject

mere

aromatic

weak

agreeable

outrageous

knotty

unarmed

best

adhesive

chivalrous

bad

hilarious

animated

plain

aspiring
amazing
reflective
handsome
sudden
aberrant
godly
hideous
dear
mature
internal
cruel
bumpy
perfect
agreeable
highfalutin
different
delightful
disgusted
toothsome
energetic
thankful
gullible
anxious
fascinated
righteous

idiotic
defective
cagey
elegant
damaged
round
chivalrous
secretive
majestic
nebulous
waiting
murky
chubby
grouchy
aromatic
inquisitive
safe
calculating
sweet
alleged
first
erect
fanatical
acid
crowded
homeless

common
joyous
encouraging
grateful
belligerent
elastic
absurd
brown
garrulous
powerful
complex
uninterested
clean
robust
bite-sized
cloudy
unarmed
juvenile
wrong
deranged
mere
scared
foregoing
bad
insidious
adorable

satisfying
blushing
selective
abject
big
mammoth
bored
hallowed
level
solid
whole
discreet
clear
questionable
knotty
callous
aboard
defeated
invincible
broken
groovy
best
hilarious
drab
efficacious
romantic

crowded	sad	waiting	adhesive
weak	cautious	wrong	groovy
insidious	big	anxious	satisfying
combative	robust	abhorrent	bite-sized
disgusted	elastic	near	nutty
enthusiastic	common	brainy	garrulous
hallowed	inquisitive	gullible	pale
complex	clear	chubby	dry
homeless	drab	sweet	cruel
erect	mature	thankful	secretive
internal	forgetful	powerful	murky
knotty	learned	aspiring	lying
dear	proud	clean	bored
burly	heady	defective	whole
grouchy	disillusioned	bumpy	aboard
defeated	animated	handsomely	elegant
cloudy	hilarious	highfalutin	deranged
cagey	amazing	general	first
halting	flat	invincible	broken
blushing	energetic	selective	best
unarmed	safe	cheerful	perfect
round	defiant	mammoth	plain
fascinated	male	scared	homely
belligerent	telling	different	exclusive
hideous	immense	delightful	outrageous
solid	sudden	bad	abject

thankful	level	garrulous	cagey
fascinated	bad	solid	brown
different	idiotic	mere	fanatical
amazing	righteous	big	telling
immense	clear	animated	grouchy
entertaining	majestic	groovy	sweet
safe	aspiring	general	hideous
nebulous	uninterested	abject	near
agreeable	best	powerful	abhorrent
delicious	questionable	heady	acid
skillful	cheerful	internal	handsomely
cloudy	scared	weak	mammoth
secretive	common	waiting	aboard
male	grateful	foregoing	chubby
first	childlike	broken	juvenile
blushing	adhesive	delightful	sudden
halting	highfalutin	unarmed	bizarre
proud	absurd	romantic	gullible
inquisitive	available	elegant	belligerent
knotty	enthusiastic	forgetful	erect
drab	energetic	dear	insidious
harsh	innocent	hilarious	exclusive
robust	damaged	whole	wrong
aberrant	calculating	simple	handsome
bored	crowded	dry	round
adorable	clean	second	icy

aberrant	grouchy	alleged	animated
insidious	bumpy	wrong	cagey
outrageous	toothsome	exclusive	strange
cruel	level	invincible	mammoth
knotty	adorable	sweet	simple
halting	scared	brainy	nutty
proud	second	belligerent	fascinated
aspiring	best	godly	aromatic
fanatical	damaged	bored	bad
brown	different	safe	anxious
hilarious	highfalutin	abject	telling
drab	weak	deranged	general
adhesive	complex	energetic	discreet
elegant	learned	first	pale
garrulous	homely	clean	secretive
cheerful	handsome	perfect	heady
harsh	juvenile	efficacious	bite-sized
defeated	delightful	common	disillusioned
chivalrous	lying	crowded	male
powerful	near	inquisitive	amazing
skillful	thankful	foregoing	drunk
uninterested	abhorrent	flat	chubby
internal	immense	gullible	erect
cloudy	mature	absurd	solid
joyous	cautious	big	encouraging
defiant	agreeable	broken	acid

abhorrent

clean

insidious

righteous

animated

elegant

grateful

sweet

handsome

innocent

robust

chivalrous

skillful

godly

burly

garrulous

brown

elastic

mere

weak

clear

strange

pale

nebulous

groovy

calculating

secretive

normal

perfect

bored

drunk

handsomely

brainy

amazing

forgetful

defective

whole

general

hallowed

best

knotty

dear

adorable

abject

idiotic

powerful

grouchy

bumpy

hilarious

invincible

combative

waiting

outrageous

simple

harsh

common

near

agreeable

plain

drab

immense

delightful

reflective

telling

thankful

aromatic

hideous

crowded

alleged

sudden

dangerous

chubby

defeated

dry

halting

encouraging

solid

internal

safe

energetic

heady

mature

first

level

male

aboard

inquisitive

bite-sized

anxious

mammoth

cruel

homeless

available

aspiring

sad

discreet

erect

cautious

deranged

broken

aberrant

disillusioned

learned

complex

gullible	sad	highfalutin	safe
homely	forgetful	skillful	godly
callous	weak	aberrant	hallowed
aboard	drab	blushing	abject
adorable	homeless	inquisitive	mammoth
handsome	immense	perfect	whole
questionable	waiting	idiotic	selective
defiant	enthusiastic	lying	solid
defective	hideous	strange	bumpy
brown	cautious	bored	nutty
heady	drunk	anxious	acid
amazing	unarmed	romantic	common
best	general	bite-sized	different
majestic	dangerous	toothsome	damaged
scared	chubby	harsh	outrageous
aspiring	energetic	groovy	fascinated
second	nebulous	erect	garrulous
mere	internal	proud	normal
halting	clean	righteous	efficacious
wrong	combative	big	dry
uninterested	elegant	encouraging	grandiose
learned	first	calculating	abhorrent
disillusioned	cagey	broken	flat
adhesive	delightful	telling	secretive
exclusive	grouchy	grateful	male
satisfying	insidious	hilarious	near

aspiring	waiting	groovy	chivalrous
forgetful	weak	safe	proud
dry	bored	homely	near
inquisitive	best	mere	juvenile
outrageous	telling	sudden	perfect
hilarious	righteous	cheerful	flat
level	harsh	discreet	idiotic
toothsome	plain	unarmed	dear
reflective	damaged	sweet	cloudy
immense	romantic	heady	murky
chubby	cruel	whole	sad
handsome	fanatical	belligerent	normal
joyous	skillful	abject	encouraging
combative	simple	brown	crowded
complex	foregoing	aberrant	animated
general	calculating	satisfying	first
available	acid	aromatic	defective
godly	majestic	delightful	secretive
burly	drunk	cautious	internal
broken	fascinated	alleged	amazing
anxious	hideous	efficacious	knotty
invincible	homeless	hallowed	energetic
gullible	agreeable	wrong	clear
grouchy	different	garrulous	handsomely
bite-sized	clean	aboard	deranged
lying	big	grandiose	defeated

toothsome	learned	available	homely
innocent	round	level	normal
elastic	clean	skillful	combative
uninterested	cagey	different	selective
cloudy	encouraging	lying	murky
telling	disgusted	gullible	general
blushing	grouchy	harsh	callous
adhesive	dangerous	second	righteous
animated	broken	exclusive	sweet
reflective	erect	mere	discreet
common	powerful	satisfying	aboard
dry	aspiring	acid	safe
insidious	enthusiastic	romantic	solid
mature	handsome	simple	bored
unarmed	whole	adorable	hideous
wrong	secretive	perfect	inquisitive
dear	bumpy	hilarious	burly
garrulous	fascinated	anxious	homeless
agreeable	invincible	defeated	efficacious
belligerent	joyous	highfalutin	strange
bad	abhorrent	grateful	mammoth
outrageous	sad	disillusioned	cautious
forgetful	immense	drab	aromatic
best	scared	energetic	deranged
drunk	complex	defiant	halting
flat	brown	juvenile	near

whole	learned	insidious	satisfying
grateful	idiotic	level	garrulous
strange	dangerous	cloudy	hallowed
romantic	brainy	thankful	cruel
halting	joyous	deranged	cautious
godly	elegant	brown	exclusive
scared	acid	handsome	aromatic
grouchy	majestic	enthusiastic	unarmed
lying	handsomely	defiant	dear
normal	clear	best	hilarious
powerful	foregoing	homely	aboard
erect	calculating	broken	second
amazing	aberrant	different	skillful
bizarre	bored	wrong	hideous
nebulous	damaged	sweet	defective
combative	flat	delightful	reflective
perfect	common	clean	fascinated
grandiose	robust	questionable	abject
discreet	proud	telling	anxious
chubby	drab	animated	cheerful
waiting	absurd	simple	solid
efficacious	bite-sized	juvenile	agreeable
general	elastic	forgetful	alleged
highfalutin	gullible	righteous	round
weak	secretive	available	murky
encouraging	near	pale	disillusioned

cruel	uninterested	toothsome	juvenile
belligerent	drunk	garrulous	nebulous
big	questionable	solid	best
bored	drab	dear	proud
waiting	groovy	amazing	complex
available	telling	acid	round
common	hallowed	inquisitive	aspiring
innocent	disillusioned	handsome	homeless
anxious	gullible	normal	enthusiastic
plain	pale	lying	combative
weak	defective	sad	bad
abject	deranged	scared	hideous
wrong	sudden	elastic	chivalrous
male	mere	nutty	efficacious
damaged	clear	cautious	bite-sized
flat	handsomely	fascinated	whole
homely	energetic	aromatic	highfalutin
murky	knotty	secretive	exclusive
romantic	chubby	animated	clean
outrageous	grandiose	encouraging	grouchy
level	broken	safe	grateful
aberrant	defiant	adorable	dangerous
unarmed	second	internal	adhesive
elegant	godly	different	near
delightful	skillful	harsh	forgetful
powerful	dry	cagey	brainy

mammoth	crowded	abhorrent	amazing
majestic	simple	unarmed	cloudy
righteous	skillful	perfect	cagey
calculating	nebulous	whole	exclusive
bumpy	grandiose	belligerent	bored
fanatical	questionable	absurd	fascinated
proud	damaged	robust	wrong
disgusted	plain	powerful	nutty
innocent	near	sweet	hideous
drab	grateful	male	aspiring
brown	dangerous	agreeable	toothsome
clean	halting	homely	broken
aberrant	grouchy	joyous	burly
erect	dry	discreet	aboard
weak	gullible	harsh	murky
internal	invincible	insidious	available
adhesive	big	clear	combative
idiotic	defective	common	anxious
handsome	complex	hilarious	enthusiastic
learned	general	outrageous	alleged
handsomely	cruel	defiant	delicious
level	energetic	waiting	first
groovy	inquisitive	satisfying	dear
mere	chivalrous	romantic	abject
lying	defeated	bizarre	callous
knotty	hallowed	highfalutin	normal

adorable
bored
forgetful
absurd
selective
uninterested
internal
hilarious
efficacious
godly
mammoth
complex
male
first
blushing
anxious
level
combative
dangerous
crowded
murky
discreet
proud
telling
acid
near

powerful
bite-sized
chubby
harsh
thankful
bad
disillusioned
delicious
mature
broken
brainy
outrageous
halting
wrong
big
adhesive
gullible
chivalrous
highfalutin
whole
common
brown
innocent
grateful
deranged
abject

burly
heady
fascinated
cagey
dry
fanatical
flat
plain
simple
cloudy
nutty
lying
nebulous
safe
romantic
erect
perfect
damaged
grouchy
second
alleged
defective
different
strange
aromatic
cruel

exclusive
handsomely
best
hallowed
defeated
unarmed
calculating
inquisitive
knotty
majestic
groovy
homely
handsome
amazing
solid
cautious
scared
normal
righteous
general
drab
callous
reflective
weak
juvenile
immense

deranged	powerful	chubby	safe
pale	whole	scared	amazing
romantic	belligerent	cruel	alleged
invincible	burly	innocent	delightful
unarmed	dear	level	complex
best	toothsome	different	inquisitive
cheerful	hilarious	aboard	dangerous
learned	mere	absurd	secretive
adhesive	normal	immense	callous
weak	chivalrous	handsome	uninterested
gullible	satisfying	discreet	telling
hallowed	proud	groovy	brown
flat	elastic	hideous	cloudy
damaged	near	thankful	majestic
enthusiastic	abject	cagey	big
nutty	clean	waiting	bored
harsh	lying	male	highfalutin
handsomely	acid	general	disillusioned
abhorrent	bumpy	animated	disgusted
mature	brainy	blushing	strange
bite-sized	available	righteous	robust
garrulous	homely	calculating	reflective
solid	simple	questionable	second
crowded	aromatic	joyous	fascinated
sad	skillful	first	grandiose
combative	cautious	plain	grouchy

invincible
mere
different
elegant
cloudy
clear
perfect
damaged
handsome
powerful
disgusted
belligerent
idiotic
encouraging
amazing
brainy
adorable
hallowed
defective
cagey
acid
telling
complex
strange
dear
forgetful

chivalrous
male
skillful
exclusive
defeated
halting
level
nutty
bite-sized
absurd
discreet
heady
calculating
aboard
foregoing
bustling
delightful
joyous
questionable
near
disillusioned
wrong
fascinated
defiant
chubby
homeless

aspiring
energetic
unarmed
whole
enthusiastic
uninterested
broken
groovy
grouchy
mammoth
lying
juvenile
normal
efficacious
crowded
reflective
handsomely
plain
drab
cheerful
general
highfalutin
deranged
solid
alleged
hideous

delicious
anxious
clean
first
inquisitive
abject
elastic
outrageous
learned
agreeable
majestic
sweet
dry
godly
bored
erect
satisfying
dangerous
bad
proud
harsh
sudden
gullible
brown
selective
nebulous

bad	burly	reflective	chubby
calculating	defective	dangerous	cautious
unarmed	thankful	best	discreet
chivalrous	groovy	elegant	cheerful
aspiring	disillusioned	toothsome	juvenile
cruel	gullible	mature	internal
common	broken	encouraging	grandiose
hideous	safe	majestic	exclusive
solid	handsome	drunk	uninterested
aberrant	dry	anxious	selective
mere	invincible	learned	acid
harsh	mammoth	round	joyous
first	waiting	near	fascinated
level	garrulous	bumpy	highfalutin
scared	erect	defeated	grouchy
crowded	telling	aboard	secretive
cloudy	hallowed	dear	pale
immense	amazing	male	complex
grateful	cagey	available	adhesive
normal	drab	bored	aromatic
second	romantic	clean	forgetful
different	proud	flat	lying
innocent	skillful	powerful	disgusted
alleged	nebulous	plain	knotty
hilarious	simple	sudden	delightful
blushing	insidious	defiant	homeless

garrulous	uninterested	highfalutin	flat
safe	handsome	belligerent	broken
cautious	satisfying	aromatic	elastic
unarmed	absurd	agreeable	outrageous
exclusive	romantic	normal	first
grandiose	harsh	anxious	chivalrous
general	second	animated	damaged
heady	nutty	groovy	big
drab	bumpy	wrong	bad
fanatical	alleged	halting	elegant
proud	cloudy	bizarre	delightful
insidious	invincible	cruel	efficacious
crowded	calculating	aspiring	blushing
selective	scared	fascinated	burly
chubby	gullible	hallowed	mature
solid	clean	sweet	energetic
dry	telling	different	abject
homely	inquisitive	bored	disillusioned
grateful	simple	skillful	mere
brainy	discreet	idiotic	cagey
secretive	common	defective	whole
combative	reflective	waiting	deranged
adorable	male	best	delicious
murky	defeated	level	learned
amazing	complex	dangerous	adhesive
pale	questionable	defiant	righteous

learned	fascinated	halting	invincible
big	godly	robust	cagey
broken	nutty	mature	gullible
second	best	clean	thankful
round	normal	hallowed	knotty
drunk	unarmed	grandiose	crowded
lying	burly	internal	flat
outrageous	defeated	strange	idiotic
righteous	exclusive	disgusted	dear
dry	acid	secretive	inquisitive
perfect	handsome	enthusiastic	skillful
handsomely	adhesive	highfalutin	different
animated	brown	elastic	defiant
forgetful	homely	disillusioned	bad
level	first	questionable	defective
aspiring	insidious	mere	innocent
romantic	immense	chubby	energetic
alleged	hilarious	male	telling
adorable	deranged	waiting	pale
amazing	majestic	available	homeless
aboard	damaged	juvenile	near
wrong	bumpy	murky	powerful
callous	efficacious	nebulous	cloudy
joyous	bite-sized	reflective	bored
chivalrous	anxious	delightful	drab
grateful	safe	aromatic	clear

dear	dry	grandiose	hallowed
outrageous	scared	first	mere
anxious	powerful	erect	male
defiant	gullible	immense	available
righteous	weak	deranged	brainy
perfect	brown	murky	homeless
aboard	whole	delightful	bumpy
internal	waiting	nebulous	romantic
forgetful	acid	disgusted	idiotic
hilarious	enthusiastic	bad	drab
safe	cruel	groovy	burly
combative	cautious	garrulous	callous
homely	alleged	adorable	big
lying	aromatic	toothsome	plain
second	inquisitive	mammoth	aberrant
pale	abhorrent	best	telling
defective	general	aspiring	harsh
innocent	handsomely	hideous	different
cheerful	elegant	discreet	amazing
animated	joyous	robust	blushing
flat	cloudy	heady	level
proud	complex	fascinated	clean
drunk	insidious	crowded	grouchy
damaged	grateful	uninterested	bite-sized
juvenile	broken	cagey	encouraging
mature	bored	highfalutin	skillful

skillful	idiotic	brainy	robust
safe	cautious	dry	amazing
available	garrulous	wrong	different
animated	whole	efficacious	nutty
hallowed	murky	normal	erect
dear	simple	big	bite-sized
round	grandiose	insidious	solid
uninterested	general	dangerous	abhorrent
disillusioned	forgetful	mammoth	alleged
adorable	combative	nebulous	bored
best	bumpy	selective	joyous
hilarious	righteous	weak	telling
belligerent	bad	unarmed	juvenile
toothsome	burly	exclusive	discreet
strange	mature	first	enthusiastic
perfect	halting	cagey	immense
drunk	heady	groovy	inquisitive
defective	brown	internal	reflective
knotty	elegant	aboard	aspiring
grateful	defiant	second	clean
elastic	gullible	outrageous	fascinated
chivalrous	handsome	sudden	grouchy
aberrant	waiting	secretive	hideous
adhesive	defeated	callous	drab
broken	delightful	scared	deranged
crowded	cruel	chubby	male